JN439508

어느 날 백철 학장님께서 긴급한 회의에 참석해야 하니 남선생이 국문학과 3학년 현대문학시간에 들어가서 한 시간 대강을 하라고 했습니다. 그 순간 나는 내 귀를 의심했지만 곧바로 강의실에 들어가야만 할 시간이었습니다. 나는 교육학을 전공하는 대학원생으로서 학장님께서 갑자기 회의에 들어가셔서 나더러 학생들과 시간을 공유하라고 하셔서 들어왔다고 나를 소개한 후에 18세기 영국의 시인 윌리엄 워즈워스의 시 「무지개」를 여러분과 함께 감상하라고 말씀하셨다고 전하고 학생들을 쳐다보니 황당해 하는 분위기였습니다.

나로서는 시에 관해서는 김소월의 「초혼」이나 윤동주의 「서시」 '죽는 날까지 하늘을 우러러 한 점 부끄럼이 없기를' 정도의 젊은이들은 누구나 갖는 관심을 가졌을 뿐 우리나라 시인이 아닌 외국의 시인을 접할 수 있는 기회는 별로 없었습니다. 그러나 학생들과 '어린이는 어른의 아버지(The child is father of the man)' 대목에서는 갑론을박하다가 끝내 확실한 해답을 찾지 못하고 시간을 끝냈던 사실이 기억에 떠올랐습니다.

내가 권이사장님의 이력을 검색한 결과 1958년생 공교롭게도 무지개를 두고 씨름을 하던 그때와 일치해서 그때 풀지 못한 어린이는 어른의 아버지가 우리 관계를 예언한 것처럼 느껴져서 나는 흥분을 주체할 수 없었습니다. 마치 허허벌판에 서리를 맞고 조용히 시들어가고 있는 이름 없는 잡초가 갑자기

환한 햇빛을 만난 것처럼 행복에 겨워하고 있습니다.

많은 분들이 보내주신 작품들을 읽으면서 스스로 부끄럽고 용기를 잃을 때도 많고 몇 편을 읽다가 지쳐 눈을 감고 졸기도 하고 금방 읽었던 앞줄을 다시 읽으면서 이어가기도 하고, 며칠 있다가 다시 읽으면 참맛을 음미한 듯 설레기도 합니다. 때로는 잊었던 기억이 되살아나서 펜을 들고 싶을 때도 있습니다. 사무엘 울먼은 '젊음이란 어느 시기를 말하는 것이 아니고 그 마음의 상태를 말한다'고 했으니 권이사장님이 불어넣어주신 격려로 다시 태어나고자 합니다. 지켜봐 주시고 격려해 주세요. 감사합니다.

(2021. 1)

석천 남상태 수필집

망백(望百)의 청춘

망백(望百)의 청춘

남상태 수필집

1판 1쇄 인쇄/ 2022년 2월 20일
1판 1쇄 발행/ 2022년 2월 25일

지은이 / 남 상 태
펴낸이 / 우 희 정
펴낸곳 / 도서출판 소소리

등록 / 제300-2007-21호
주소 03073 서울 종로구 성균관로5길 39-16
전화 / 765-5663, 010-4265-5663
e-mail: sosori39@hanmail.net
www.sosori.net

값 13,000원

*잘못된 책은 바꿔드립니다.

ISBN 979-11-5891-167- 6 03810

花香百里
人香萬里

책을 내면서

나의 민낯을 보일 용기가 나지 않아서 우물쭈물하다가 이제야 첫 수필집을 낸다. 생각해 보니 100점 만점의 인간이 어디 있겠는가. 이 세상에 살아온 흔적을 남기는 것은 잘나고 못남의 문제가 아님을 알았다. 있는 모습 그대로가 중요한 것 같다.

지난해 여름 나는 교통사고를 당했다. 또 이 같은 사건이 또 터지지 말라는 법도 없고 나를 알고 있는 분들에게 한 번 더 나의 진면목을 보여주는 것은 의미 있는 일이 아닌가.

망백(望百)의 나이는 참으로 많은 나이다. 백세시대라지만 90이 넘는 나이를 맞을 거라고는 나는 생각해 보지도 못했는데 여기까지 와서 돌아보니 험난한 산길이었구나 하고 만세를 부르고 싶다.

부모의 찬스, 형제의 찬스, 친구, 선후배의 찬스가 없었다면 산 넘고 물 건널 수 있었겠는가.

나에게 과분한 우리 함현옥 여사, 착하고 영리한 아이들을 낳아 길러주고 이날까지 나를 챙겨줌이 오늘을 있게 한 은혜가 아닌가. 모두 고맙고 고마울 따름이다.

흐트러진 나의 모습을 정리해준 우희정 작가에게도 감사를 드린다.

2022년 임인년 정월에

저자 石泉 **남상태**

▷ 차 례

2. 나는 늙어가는 중

3. 배려하는 마음

4. 이 또한 지나가리라

1.

다시 태어나도 당신을

내 고향 덕천리(德川里)

내 고향은 경남 의령군 유곡면 덕천리다. 우리나라는 원래 산지(山地)가 70% 이상을 점유하고 있다.

내가 태어난 곳은 온 사방이 산으로 둘러싸인 두메산골이다. 마산에서 서북쪽으로 40여 킬로 떨어진 고장이다. 교통편도 좋지 않고, 농지도 넓지 못해서 부자라고 해봐야 논밭뙈기 합쳐서 오천 평 가진 사람도 드문 한촌(寒村)이다.

동네 앞에는 맑은 시냇물이 흐르는데 웬만한 가뭄에도 마르는 법이 없었다. 그 냇물에는 갖가지 민물고기가 노닐었고, 겨울에는 오리 떼가 날아와 물고기를 사냥하곤 했었다. 바로 동네 앞 냇가에 수양버들 한 그루가 바람에 흔들리며 춤을 추고 있었는데 지금은 간 곳이 없다.

봄이면 온 산이 진달래로 벌겋게 물들고, 산자락 곳곳에는 복

숭아꽃, 살구꽃이 흐드러지게 피었었다. 그래서 어렸을 적에 민요 '고향의 봄'은 우리 고장 사람이 작사한 줄 알았다. '복숭아꽃 살구꽃 아기 진달래' 이 노래를 목청껏 부르노라면 마음은 온통 붉은 꽃으로 물들고, 세상에 우리 동네만큼 아름다운 고장은 다시없다고 생각했었다.

여름밤에는 모깃불 피워 놓고 호롱불 밑에서 어른들의 이야기를 들으면서 책장을 넘기다가 잠들곤 했었다. 깜깜한 여름밤에는 동네 앞 냇가에 내려가서 아낙네들은 위쪽에서, 남정네들은 아래쪽에서 시원하게 미역을 감고 돌아와서 모기장 속에서 드는 잠은 다시없는 단잠이었다. 평화로운 시골 동네, 그때는 도시가 어떤 곳이며 서울이 어떻게 생긴 곳인지 관심도 없었다. 겨울에는 아침 일찍 일어나서 쇠죽 끓이고, 화로에 숯불 담아 방에 들여 놓는다. 낮에는 학교에 가고, 집에 돌아와서는 집안일 돕고, 방바닥에 엎드려서 공부한다. 때로는 조카아이를 업어 재우고 애가 울면 따라 울기도 했고, 밤에는 뒷산에서 우는 올빼미 소리에 겁을 먹고 측간(변소) 가기를 무서워했다.

초등학교 졸업여행으로 가까운 합천 해인사에 트럭 편으로 가게 되었는데, 출발하는 날까지 급장(반장)인 내가 여행비를 마련하지 못해 애태웠다. 출발 당일 아침에야 형님께서 여비를 장만해 주셔서 그 돈을 받아들고 트럭을 향하여 안간힘을 다해서 달려가면서 소리를 질러댔다. 그러나 트럭기사는 끝내 내

절규를 듣지 못하고 흙먼지를 일으키며 멀리 사라졌다. 그때의 아쉬움이 지금도 가슴 한 구석에 남아있다.

그 오지에서 손꼽아 기다리는 때가 있었다. 설 명절과 추석 명절이 그것이다. 그때가 되면 깨끗한 옷 갈아입고, 쌀밥 먹고, 떡 먹고, 아무 간섭 받지 않고 뛰어놀 수 있었다. 설날에는 아이들과 젊은이들은 이 집 저 집 어른들을 찾아다니면서 세배하고, 맛있는 음식 대접받고 덕담 듣고 마냥 즐겁기만 했다.

그 시절 전기(電氣)는 에디슨이 발명해서 불만 밝혀주는 것으로 생각했지, 오늘날처럼 모든 문명의 중추가 될 줄은 상상도 못했다. 그 당시 우리 고향에서는 밤에는 호롱불 켜놓고, 그 밑에서 아낙네들은 바느질하고, 남정네들은 책도 읽고 새끼도 꼬았다. 또 아낙네들은 겨울에 엷은 물안개가 솟아오르는 냇물에서 손을 호호 불어가면서 빨래를 했고, 그 빨래를 풀 먹여서 다릴 때에는 숯불 담은 긴 손잡이가 달린 다리미로 양쪽에서 맞당기며 다렸다. 디딜방아 찧어 밥해 먹고, 두레박으로 우물물 길어 마시고, 밤길 걸을 때에는 등불이나 관솔불(송진이 엉긴 소나무 가지)을 켜들고 다녔어도 불편하다고 생각하지 않았다.

그때는 '전기가 있었으면' 하는 생각은 해보지도 못했다. 그러나 요즘 세상에는 전기를 떠나서는 단 하루도 살 수가 없다. 모든 산업의 동력이 되고 전자 산업의 모태가 되고 있다. 거리에 가로등이 없고, 집에 전등, 텔레비전, 냉장고 등 가전제품

중 하나라도 없다면 가정생활에 크게 불편하다고 느낄 것이다. 엘리베이터, 에스컬레이터에 전기 공급이 안 된다면 고층 건물은 존재하지 못했을 것이다.

그러나 그 시절에는 병원의 의원도 손 진맥과 청진기로 진찰해서 처방하고 치료해 주었는데, 그것이 최선인 줄 알았다. 지금은 전기전자기기로 진찰하고 치료한다. 모든 생활이 전기를 이용하지 않는 것이 없고 심지어는 전파를 통해서 지구상의 어디서든지 서로 마주보고 웃고 우는 세상이 되었다.

내가 전기 없는 세상에서 한 걸음 나오게 된 것은 읍에 있는 중학교 진학 때부터다. 그때서야 비로소 전기에 조금 눈뜨게 되고 문명의 혜택을 받기 시작했다. 그러고 얼마 안 가서 내 고향에도 문명의 물결이 밀려와 집집마다 전등불이 켜지고, 텔레비전이 들어오고, 동네에서는 확성기 소리가 쩌렁쩌렁 울려 퍼지고, 가로등이 온 마을을 환하게 밝혀 주었다.

내 고향은 망우당 곽재우 의병장 홍의장군이 태어나셔서 임진왜란 때에 의거하여 나라를 구한 충의의 고장이기도 하다. 의병은 오직 구국일념의 숭고한 정신으로 하나뿐인 목숨을 나라에 바치려 자발적으로 모인 군대다. 병기、병력 모든 면에서 절대 열세였는데도 불구하고, 왜군과 싸우기를 불사하였다. 나는 그 위대하고 숭고한 정신을 후손에게 일 년에 한 번씩이라도 일깨워 주기 위해 '의병의 날 국가 기념일제정'을 발의하여 전국 의령군향우연합회의 목적사업으로 채택케 하였고, 그 후 10년 만에 의령군의 국회청원을 통해 뜻을 이루었다.

이렇게 자랑스럽던 내 고향은 전기 대신 더 밝고 따뜻한 정(情)이 있었고, 정으로 엮어진 유대로 모두가 굳게 결속되고, 가족끼리 이웃끼리 손을 마주잡고 웃으면서 행복하게 살아왔다. 그러나 지금은 두텁고 따뜻했던 정이 엷어졌고, 또 눈물도 메마르고 물질만능의 세상이 돼 버렸다. 재물 때문에 형제·친인척간에 갈등과 다툼이 일고, 극단적 개인주의가 팽배해졌다. 그 따뜻했던 정은 어디로 가고 이제 차가운 물질문명만 남았단 말인가.

하지만 수구초심(首丘初心)이라 했다. 뉘라서 고향을 그리지 않으랴. 돌다리로 건너던 시내를 지금은 높다란 콘크리트 다리로 건넌다. 꼬불꼬불하던 논밭언덕이 반듯반듯하게 정지되고, 동네 앞 냇가의 물길도 바로잡아졌다. 논밭 길도 넓혀져서 시골 같지 않은 시골이 되어 옛 모습은 간데없지만, 그래도 내 고향에 들어서면 따뜻한 정감이 나를 보듬어 준다.

호롱불 밝히던 시절에 정으로 밝히며 정으로 유대를 굳게 다지던 그때의 내 고향이 매양 그립다.

(2013. 10)

망구(望九)를 지나서

지금 내 나이는 20년 전만해도 생존자가 흔치 않았다. 그러나 80대인 나는 날마다 새로운 경험을 하면서 오늘은 어제와 같지 않고 내일은 오늘과 같지 않은 새로운 날이 올 것이라는 생각으로 하루하루 즐겁게 살아가고 있다.

행복에 기준이 있는가. 옛날에 어느 분이 '나물 먹고 물 마시고 팔을 베고 누웠으니 대장부 살림살이 이만하면 넉넉하다' 라고 읊었다. 욕심을 버려야 행복할 수 있다는 뜻일 것이다. 그러나 요즘 세상에서는 수긍하기 어려운 말이다. 더구나 자기가 노력하여 씨 뿌려서 수확한 나물도 아니고 들판에 자생한 나물로 배를 채우면서 대장부 살림살이가 대만족인 것처럼 말하는 것은 나태(懶怠)한 자의 자기합리화(自己合理化)로 들릴 것이다. 현자는 오유지족(吾唯知足)한다고 하지만 구걸하면서 스스로 만족하고, 행복하다고 하는 것은 수긍(首肯)하기 어렵다.

행복이 한계가 있는가. 많은 사람이 행복과 불행의 중간점에 살고 있지 않을까. 완전한 행복이 있을 수 있는가. 근심 걱정이 없으면 행복한가. 그러면 근심 걱정의 한계는 또 어디서 어디까지인가. 어디까지나 주관적이고 객관적으로 평가할 일은 못된다.

앞이 콱 막힐 경우, 계속 뚫기 위해 마음을 졸이기만 해서는 불행 속에서 빠져 나오지 못할 것이다. 차라리 진인사대천명(盡人事待天命)이라 했으니 최선을 다하고 난 후에 그 결과는 하늘에 맡기고 받아들일 준비를 하는 것이 현명하지 않을까.

행복의 한계를 더 넓게, 더 깊게 최대한으로 확대한다면 적은 만족으로도 행복의 범주(範疇) 속에 들어갈 수 있고 때로는 가슴이 저려오도록 짜릿짜릿한 느낌을 주는 행복감도 있을 것이요, 잔잔한 호수에 비치는 아침햇살 같은 찬란하게 다가오는 행복도 있을 것이다. 그러나 언제나 만족과 즐거움만 있을 수 있겠는가. 아픔도 있고 슬픔도 있을 것이다. 그 아픔과 슬픔이 행복을 더 받쳐주는 촉매제일 수 있다. 힘을 다 하고 마음을 다 한다면 어떠한 고통에서도 벗어날 수 있고 오히려 전화위복이 될 수도 있을 것이다.

세상에 태어날 땐 빈주먹을 쥐고 나오지만 갈 때는 두 손을 벌리고 간다지 않는가. 너무 집착하지 말고 마음을 비우면 행복으로 채워질 수도 있을 것이다.

그런데 지금의 나는 무엇인가. 무위도식(無爲徒食)하고 의무도 책임도 없는 허상(虛像)인가. 있어도 그만 없어도 그만인 존재(存在)인가. 내가 존재함으로써 도움이 되는 일이 있는가. 국가적으로, 사회적으로, 가정적으로 필요성은 거의 없지 않는가. 물론 집사람에게는 음으로 양으로 튼튼한 버팀목이 되고 있을 것이고, 아이들에게도 다소의 행복감은 받쳐주는 기둥 역할은 할 것이다.

그 외에 내가 하는 역할은 아무것도 없다. 그렇다고 마음대로 죽을 수도 없다. 지병(持病)이 없고, 생활비 걱정 없이 하늘의 뜻에 따라 살아간다면 백 살을 산들 미안할 것도 부끄러울 것도 없다.

눈도 귀도 멀쩡하고, 위(胃)도 장(臟)도 간(肝)도 모두 정상이며, 노인들에게 가장 크게 괴로움을 주는 무릎관절염이 다소 있기는 하지만 전립선염도 없다. 혈압이 약간 높지만 이것 또한 염려할 정도는 아니고, 일상생활에 불편한 것은 별로 없다. 이렇게 튼튼한 신체(身體)를 부모로부터 물려받았으면 잘 관리하여 천수(天壽)를 다 하는 것이 효도일 것이다. 그러기 위해서는 모든 것을 긍정적으로 생각하고 운동을 게을리 하지 말고 지성과 감성을 끊임없이 일깨우면서 오유지족해야 할 것이다.

수필 쓰는데 정진하자. 문인이 되려는 욕심을 버리고 산문이라도 글을 꾸준히 쓰자. 문인생활 하기는 너무 늦었다. 말로는 늦었다고 할 그때가 가장 빠르다고 하지만, 이 나이에는 늦었다고 하는 것은 정상이다. 평소에 독서를 많이 못해서 지식을 쌓아 올리지도 못했다. 이제는 독서로 일시적인 즐거움은 얻을 수 있지만 새롭게 쌓아 올리면서 식견을 높이기에는 기억력이 뒷받침이 안 된다. 그렇다고 여기저기에서 주워 모아서 인용할 수는 있지만 그것은 도용(盜用)이다. 그 사람의 사상을 완전히 소화한 다음에 올바르게 인용을 해야지, 내 마음에 든다고 무조건 어느 구절을 갖다 붙이는 것은 그 사람에게도 실례이기도 하고, 나의 무식을 탄로 내는 짓이다.

그러기에 나는 문인이 되겠다는 욕심보다는 글 쓰는 친구와 어울려 사귀고, 내 나름대로의 글로써 내적인 외로움을 달래면서 살아가고자 한다. 이만하면 망구의 내가 누릴 수 있는 최상의 행복이 아니겠는가.

(2016. 5)

9월이 좋다

1년 열두 달 중에 10월을 상달이라고 하지만 나는 9월이 더 좋다. 특별히 어느 달이 더 좋다고 말하는 것은 좀 이상하게 생각할 수도 있다. 그러나 나이를 먹어갈수록 여름의 폭염과 겨울의 혹한을 싫어하는 것은 당연하다.

1월은 새해 첫 달이라 새해를 맞이하는 마음으로 중요하게 생각하는 달이기는 하나, 매우 추운 달이다.

2월은 춥고 바람이 센 달이다. 우리의 전통 명절인 설날이 들어 있는 달이며, 조상을 만나는 달로써 또 한 번 새해를 맞는 기분이 드는 달이다.

3월은 만물이 소생하는 달로써 새 생명이 싹 트는 봄이 시작되는 달이며 강남 갔던 제비가 돌아오는 젊음의 달이다. 옛사람들은 '일년지계는 재어춘(一年之計 在於春)'이라 하여 농사를 생업으로 삼는 농가에서는 가장 바쁜 달로써 농자천하지대본(農者天下之大本)이라는 자긍심으로 시작되는 달이다.

4월은 심어둔 곡식이 싹이 트고 마른 나뭇가지에서 잎이 솟고 꽃이 피기 시작하여, 청춘 남녀의 사랑의 계절이다.

5월은 계절(季節)의 여왕이라 하여 움츠렸던 어깨를 펴는 춥지도 덥지도 않고 온 세상 산천초목이 꽃과 푸른 잎으로 뒤덮여서 그늘을 찾게 되는 계절이다. 청춘가를 부르는 젊은 계절로 어린이를 사랑하고, 스승을 존경하며, 부모의 사랑에 감사하는 달이기도 하다.

6월은 녹음방초(綠陰芳草)의 달이다. 덥기 시작하여 움직이면 땀이 솟는 여름이 시작되는 달로써 일생을 바치거나, 청춘을 바쳐서 조국을 찾고 민주주의를 사수한 호국영령들에게 감사하는 달이다. 맑은 시냇물을 보면 뛰어들고 싶은 달이기도 하다. 노자(老子)의 도덕경(道德經)에서 나오는 상선약수(上善若水)가 실감이 나는 계절이다.

7월은 학생들에게는 방학을, 사람들에게는 앞만 보고 달려온 피로를 풀라는 휴가의 계절이며, 모든 생물의 성장은 극에 달하며, 움직이기만 해도 땀이 솟고 장마가 시작되는 계절이다.

8월은 장마, 폭우, 폭염 등 여름의 맹위를 떨치니, 어쩌면 건너뛰고 싶은 달이기도 하다. 그러나 모든 식물들은 폭염과 폭우와 더불어 풍성한 결실을 맺기 위하여 안간힘을 다 하는 성장의 계절이다. 금년은 특히 폭염이 심해서 지구가 태양에 겁도 없이 접근하고 있지 않나 하고 헛걱정을 하기도 한다.

9월! 지금이 9월이다. 작년 9월 초에 무뎌빠진 감성과 모든 기억이 흐려지고 있는 나이에 수필을 써보겠다고 덤벼들었다. 문인이 되어 보자는 생각은 없었다. 다만 내 생각을 정리해서 글로써 표현하고, 지나온 날들을 반추해 보자는 단순한 마음으로 근처 백화점 아카데미에 찾아 들었던 것이다.

그러나 그곳은 문학을 하겠다는 사람들이 모이는 곳이지 나 같은 팔순이 넘은 노인들이 가는 곳은 아니었다. 안 나온다고 시비 할 사람도 없다. 나가지 말까하고 여러 날을 망설이다가, 부끄럽더라도 뭔가 얻는 것이 있지 않겠는가 하고, 얼굴에 철판을 깔고 나가기 시작한 지 벌써 1년이 되었다.

오가는 지하철에서 각기 다른 얼굴을 가진 사람들을 보면서 저 사람은 어떻게 살아왔을까, 지금은 무슨 생각을 하고 있을까. 거리를 걸으면서도 가로수를 보고 '너 때문에 내가 행복하다' '금년에는 너무 더워서 벌레가 괴롭히지 않아서 좋았지? 그 대신 햇살이 너무 뜨거워서 고생했을 것이다.' 아무데나 피어 있는 꽃을 보고는 '너는 그 아름다운 모습을 큰소리로 자랑하고 싶지 않니?'

나의 9월은 이렇게 바빴다. 머릿속에 숨어있던 온갖 기억들, 눈앞에 보이는 것을, 마음으로, 또는 글로 어떻게 표현하면 좋을까를 생각했다. 시간에 쫓긴다기보다 내가 시간을 붙들고 놓아주지 않음으로써 어느 때보다 시간이 길어진다고 느꼈다. 그렇게 세상만사 눈여겨보고 감정을 대입하다보니 모든 것이 아름답게만 보이던 때가 작년 9월이었다.

9월의 코발트색 하늘은 너무도 깊고 구름은 깨끗하고 가벼워 보여서 시선이 절로 그리로 갔다. 들판은 누렇게 곡식이 익어가고, 검푸른 산을 바라보면 그 속에 머물고 싶은 9월! 9월이 참 좋다. 우리 부모가 나의 탯줄을 끊은 달은 8월, 세상출발을 신고하신 달이 9월이다. 그래서 내가 9월을 좋아하게 되었나보다.

10월, 옛날에는 시월상달이라 했다. 9월은 완성을 위하여 최선을 다하는 달이라고 하면 10월은 완숙을 지향하고 수확(收穫)에 바쁜 달이라고 할 만하다. 누렇던 들판이 부분적으로 또는 완전히 검은 바닥을 드러내고, 아름답게 달려 있던 각종 열매가 모체에서 내려앉아 포장 속으로 들어가는 계절, 마음이 풍족해지는 달로써 상달이라 할 만하다. 수목(樹木)들도 모두 겨울 차비를 준비하는 달이기도 하다. 태양에 애교라도 부리듯 각각 아름다운 색으로 단장하고 바람에 몸을 맡기는 단풍들, 분명 창조주의 작품이리라.

11월에 접어들면 벼 가마니를 창고에 들여놓고 고구마도 늙은 호박도 따다 고방으로 들여놓고, 아낙네들은 김장에 바쁜 계절, 도시인들은 겨울차비에 바쁘고 점점 두터운 옷으로 갈아입는 계절, 다들 종종걸음으로 서둘러서 집으로 찾아드는 계절이다. 이 달이야말로 가정의 달이 아닌가.

12월에 접어들면 추위와 싸우는 달, 삭풍이 불어오면 귀를 싸매고 하얀 눈이 내릴 때에는 눈밭에서 개들이 장난치는 달, 젊음이 남아 있는 사람들은 썰매를 메고 눈밭으로 찾아가는 계절, 희망의 새해를 바라보는 달이고 또 한 살의 나이가 눈앞에서 기다리는 달이다.

이렇게 일 년을 스크린에 올려놓고 보니 나이는 공짜로 따라온다. 점점 쌓이는 나이를 반기고 싶지 않지만 어쩌나.

(2015. 9)

알파고

지난 3월에 세상을 떠들썩하게 만든 알파고(AlphaGo)는 공포의 대상으로 받아들여졌다. 피가 흐르는 사람과 피가 흐르지 않는 물체와의 지능싸움이 큰 관심사가 아닐 수 없었다. 인간이 뇌를 가장 많이 쓰는 게임이 바둑이라고 한다. 그 바둑게임의 천재라고 불리는 이세돌 9단과 인공지능 바둑프로그램인 알파고와의 시합이 이루어졌다. 그런데 그 대국에서 알파고가 제1국, 제2국, 제3국 연속으로 이겼다.

인공지능은 인간이 물체에 지능을 결합시켜서 만든 것인데 그것이 인간을 굴복시킨다는 것은 환영해야 할 일인지, 인간이 지배당하는 비극이 올 것이라고 걱정해야 할 것인지 혼란스럽다.

이번 대국에서도 알파고의 심부름꾼은 사람이었다. 사람이 인공지능을 만들고 인공지능은 인간을 이용했다. 그러나 로봇을 이용할 수도 있겠지.

컴퓨터란 원래 계산의 천재인데 숫자와 계산으로 맞서는 게임에서는 기계가 앞선다 할지라도 감성이 결합되어야 하는 인간사에 기계가 앞선다는 것은 비극이 아닐 수 없다. 비행기 조종, 자동차 운전, 질병의 진단, 관광안내, 노동, 법률 해석, 신문기사에 이르기 까지도 인공지능이 맡게 되면, 정확성이나 생산성은 보장될 수 있으나 인간의 할 일이 없어져서 실업자가 대량으로 발생하게 될 것이다. 심지어는 얼굴 인식과 음성 인식까지 할 수 있다고 하니 사람의 할 일이 무엇인가. 그 결과는 삶의 질을 저하(低下)시켜 행복지수도 낮아질 것이다.

인간에게서 성취감(成就感) 또는 승부근성(勝負根性)을 빼앗아 간다면 인간 삶의 목표가 없어지고 말 것이다. 인간사회가 컴퓨터에 점령당한다면 생존경쟁이라는 말도 사라질 것이다. 나는 바둑에는 문외한이라 수를 읽는다든지 결과를 예측할 수는 없으나, 인간간의 대항에서는 기(氣) 싸움도 있기 마련인데 이세돌이 알파고를 상대하기란 벽보고 싸우는 격이니 사람과의 대국보다 불리한 점도 있지 않을까.

제3국에서 이세돌은 완패했다고 선언했다. 무엇을 의미하는가. 인간은 로봇이나 만들어서 입김만 불어넣으면 로봇은 살아 움직이며 인간 대신 모든 일을 하고, 인간은 구경만 하게 되는 시대가 그리 머지않을 것 같기에 전율을 느낀다. 귀찮고 힘 드는 모든 일은 로봇에게 맡기고 쾌락만 쫓는다면 인간은 타락하고 나약해질 것이며 삶의 가치관도 타락할 것이다.

그런데 드디어 제4국에서 인간의 대표 이세돌이 이겼다. 승리가 선포되는 순간 세계 각국에서 모여든 취재진들의 굳었던 표정이 일시에 풀리면서 환호하는 모습은 암흑에서 광명을 맞은 듯했다. 그것은 인간, 아니 인간승리에 대한 환호일 것이다. 어느 방송의 여 캐스터는 감격에 겨워서 말을 잇지 못하고 얼굴을 감싸기도 했다. 사람으로서 최소한의 체면을 세워준 결과다. 또 넘어졌다가 일어나서 다시 뛰는 주자(走者)에게 보내는 박수이기도 하다. 세계인이 주목하는 가운데 한없는 나락으로 떨어지던 호모 사피엔스의 긍지가 다시금 재기하여 비상하는 기쁨을 맛본 것이다.

그러나 제5국에서도 이9단이 5시간에 걸친 혈투 끝에 패배했다. 그 대국을 지켜보는 세계인들이 인간이 승리하기를 간절히 바랐을 것이나 체온이 없는 물체한테 손을 들었다. 인공지능이 학습하고 진화하여 인간사회의 모든 것을 맡아 하게 되면 과학문명의 영역에 사는 인간은 할 일을 잃고 방황하다가 멸망하고, 현대문명을 거부하는 아마존 종족이 지구를 지켜주는 일이 생기지는 않을까 걱정된다.

이번 대국에 결과는 아쉬웠지만 인간 대표로 한국인 이세돌이 출전한 점과, 대한민국에서 개최되어 우리 국민이 인공지능에 대한 관심이 높아진 것은 큰 소득이라고 보아야 할 것이다.

인간과 인공지능과의 대결을 보면서 AI(Artificial Intelligence), 곧 인공지능은 어디까지나 인류의 행복증진을 위한 도구로써 존재해야 하고, 인간의 비극을 초래할 수 있는 극단적인 망상을 잠재우는 방향으로 연구에 박차를 가하기를 희망한다.

(2016. 3)

고종명(考終命)

- 죽음의 복

우리는 어제 죽은 사람이 그렇게 바라던 내일을 살고 있다. 그런 오늘을 살면서도 진정으로 감사하면서 사는 사람은 드물다. 하루 또 하루를 맞이하면서 종착역을 향해서 한 걸음 한 걸음 다가가고 있으나 그 누가 죽음에 가까이 가고 있다고 의식하면서 살아가고 있겠는가. 그 삶의 종착역은 고종명(考終命)이 되어야 한다고 생각하면서 살아간다면 이 세상은 평화가 가득한 아름다운 세상이 될 것이다.

며칠 전에 짧은 외국여행에서 돌아와서 미처 여독이 다 풀리기도 전에 비보가 날아들었다. "엄마가 운명하셨어요."라는 조카의 기별이었다. 그 형수(兄嫂)님은 몇 년 전부터 시름시름 치매가 있기는 해도 자기 몸 관리는 잘 하신다기에 그리 쉽게 돌아가시지는 않을 거라고 믿고 있었는데, 돌아가셨다니 당황스러웠다. 한편으로는 형수님의 죽음은 고종명(考終命)이라고 해야 하지 않을까 싶다. 금년이 미수(88세)이고 가족의 보살핌 속에서 운명하였으니 호상이라고 말할 만하다.

서경(書經)에는 사람에게는 오복(五福)이 있는데 그중에는 죽음의 복이 포함된다고 했다. 그 죽음의 복을 고종명이라고 하고, 그 고종명을 두고 사람마다 해석을 달리 했다. 그런데 내 나름의 정의를 내려 보면, 나이는 살만큼 살고, 생전에 자기 관리를 철저히 하고, 심한 고통 없이 가족의 보살핌을 받다가 세상을 뜨는 것이 고종명이 아닐까 생각한다.

'죽음'이란 같은 말을 가지고도 우리나라 사람들은 죽었다, 졸했다, 사망했다, 작고했다, 돌아갔다, 운명했다, 별세했다, 서거했다, 승천했다, 선종했다, 입적했다 등 다양한 표현방법을 쓴다. 다른 나라에서도 이렇게 죽음의 표현이 다양할까. 우리는 동방예의지국(東方禮儀之國)답게 계층에 따라서 죽음을 달리 표현했다. '우리 엄마 죽었다, 또는 우리 아버지께서 서거하셨다.' 이런 표현은 어째 말하기도 듣기도 자연스럽지 못하다.

요즘 장의문화(葬儀文化)는 시대에 맞게 간소화되고, 그 절차에 있어서도 장례식장에서 또는 상조회, 성당은 위령회, 교회, 또는 절에서 주관하여 주기 때문에 장례를 어떻게 치를까 하는 걱정은 안 해도 된다. 그러나 전통 장례절차는 매우 까다로워서 각 지방 문중마다 차이가 있고, 또 학파에 따라서 달랐다고 한다. 대체로 부모가 돌아가시면 빈소를 차려 놓고 곡(哭)을 하면서 문상객을 맞이하고 문상객도 곡을 했다.

1960년대 후반에 경험한 장례절차를 대강 살펴보면, 입관 후 처마 밑에 관을 가매장(假埋葬)하고, 폭염과 혹한을 피해서 택일하고, 원근에 거주하고 있는 친인척과 친지들에게 부고를 낸다. 장례식 당일에는 상여를 앞세우고 상제는 굴건제복을 한 채로 곡을 하고, 그 뒤에 문상객과 만장(輓章)을 든 젊은이들이 따른다. 상여를 맨 상두꾼 중에서 앞소리꾼은 북을 둥둥 치면서 상엿소리를 선창하고 상여꾼은 후렴을 외치는데, 그 상여가(喪輿歌)가 워낙 슬프고 애절하여 상주도 울고 문상객도 운다. 진정으로 다시 보지 못하는 작별의 슬픔을 표출하는 장면이 연출된다.

하지만 매장이 끝나고 돌아오는 길에는 기상천외의 장면이 연출된다. 아무리 고종명이라 하더라도 소중한 분을 이 세상에서 다시 볼 수 없게 땅속에 묻어 놓고 돌아오면서 슬프고 허탈한 길인데도 맏사위가 상여 위에 올라타고 마치 개선장군이라도 된 듯 넘실넘실 춤을 추고 동네에서는 잔치가 벌어진다.

고인은 이승을 떠나면서 말이 없지만 마지막 힘을 발휘한다. 이곳저곳에서 흩어져 살고 있으면서 1년 내내 한 번도 못 만나던 일가친척들과 외국에 거주하고 있기 때문에 몇 년 동안 만나지 못했던 가족과 친지를 한 곳에 모아서 정을 다시 이어주는 역할을 한다. 삼우제 때에는 무덤의 흙도 채 마르기 전인데도 모처럼 만나서 큰일을 마쳤고, 다시 모이기가 쉽지 않을 것이기에 무덤가에서 활짝 웃으며 기념사진을 찍는다.

화목한 가정이 아니거나 이해관계에 매몰된 가정이거나 또는 외로운 죽음을 맞이하는 사람에게는 장수를 했다 하더라도 고종명이라고 하기는 어려울 것이다. 가족들에게 온화하고 정이 담긴 인상을 남겨두고 죽는 것이 죽음의 복이고 진정한 고종명이라 할 것이다.

(2013. 6)

*五福: 壽, 富, 康寧, 攸好德, 考終命.

구멍 난 바지

요즘 남녀를 불문하고 젊은이들이 찢어진 청바지를 입고 다니는 것을 흔히 볼 수 있다. 무슨 이유일까. 시원해서일까 아니면 멋이라고 생각하는 것일까. 우리 손자 손녀들 가운데 그런 바지를 입고 다니는 모습을 본 일이 없어서 물어 보지도 못했고, 더구나 모르는 사이의 젊은이들에게 물어볼 수도 없고, 그냥 그러려니 하고 지나간다.

그런데 나는 찢어진 바지에 대한 부끄러운 추억이 있다. 내가 태어난 시대는 일제강점말기였다. 우리나라에서 생산되는 농산물 대부분을 일본 사람들에게 수탈당했다. 제2차 세계대전이 발발하고 난 후로는 식량은 말할 것도 없고 놋그릇에 놋숟가락까지 강탈해 가던 때였으니 정상적으로 옷 입고 밥 먹고 다니는 사람은 거의 없었다. 나는 어려서 어머니를 여의고 일곱 남자의 모든 수발을 혼자 다 하는 형수 밑에서 자라야 했기 때문에 정상적인 옷단장은 꿈도 꿀 수 없었다. 홀시아버지에 호랑이 같은 남편, 청년 시동생 둘, 개구쟁이 시동생 둘, 거기에다 젖먹이 아들 하나의 시중은 형수 혼자서는 도저히 해낼 수가 없었다. 그때에 형수님이 고생하는 모든 일을 내가 거들었고, 형수가 눈물을 흘리면 따라 울기도 수없이 했다.

가정형편이 이러했고 아버지께서도 왜놈들 학문은 배워서 뭘 하느냐고 국민학교(초등학교)에 입학시키지 않아서 형수 일만 돕다가 큰형님의 주선으로 10세에 겨우 입학을 하게 되었다. 그 당시는 의무교육이 아니었기 때문에 시골에서 요즘처럼 7세에 입학한 사람은 거의 없었다. 그때 우리 학년 학생 수는 30여 명으로 대부분 나이가 많은 노학생들이었다. 5학년 때 해방이 되자 일본인 교장선생의 아들이 반장(급장)을 하다가 물러가고 내가 맡게 되었다.

일제강점기에는 입학 때부터 학교에서는 일본말을 써야했다. 우리말은 한마디라도 하면 딱지 한 장을 빼앗겼고 벌점이 누적되면 벌을 받아야 했다. 해방이 되었으나 우리말의 표준어가 확립되지 않았다. 『한글 첫걸음』이라는 책을 임시정부에서 발행해서 보급하기는 했으나 교육체계도 엉망이었다. 그 시대에 나는 150여 명의 전교생 앞에서 "앞으로 나란히! 열중 쉬어! 차렷! 교장선생님께 대하여 경례!"라는 구령을 하게 되었다.

겨울로 기억되는 어느 날, 내가 입고 다니던 바지 엉덩이 부분이 낡고 닳아서 구멍이 났다. 그것도 모르고 그 옷을 입고 학교를 갔었다. 사춘기가 시작될 무렵이었다. 추운 것은 고사하고 속옷도 입지 않았으니 얼마나 창피하고 부끄러웠는지…. 펑크 난 부분을 움켜쥔 채 아침 조회는 무사히 마쳤으나, 학교생활이 말할 수 없이 불편했다.

그 당시 우리 학교에는 4, 50대의 여자선생님이 한 분 계셨다. 그 선생님 앞을 지날 때 바지 뒤쪽을 움켜지고 뒷걸음을 치는데, 수상하다고 생각하셨는지 웃으시며 "왜 그러느냐"고 물으셨다. 부끄러워서 빨리 지나가려다가 그만 넘어지고 말아 속수무책으로 들키고 말았으니 사춘기의 시골 애송이 총각이 얼마나 부끄럽고 난처했겠는가. 불과 반세기 후면 멀쩡한 바지를 찢어 입고 다니는 시대가 올 거라고 예언하면서, 떳떳하고 당당하게 입고 다닐 수도 있었는데….

그러나 그때는 이런 시대가 오리라고 상상도 하지 못했다. 한 세기에 가까운 세월이 흐른 지금, 옛 추억을 반추하면서 일부러 찢어 입고 다니는 젊은이들을 두고 흉허물을 논해서야 되겠는가. 바야흐로 인공지능이 판을 치는 제4차 산업혁명이 다가오고 있는 이 시대에 가치기준을 어디에 두어야 할지 분간할 수 없으니 그 누구를 탓하겠는가. 다만 아득한 지난날 우리의 어두웠던 역사를 되새기는 마음일 뿐….

쑥스럽지만 내 생애의 한 부분인 그 일, 어두웠던 시절의 이야기, 구멍 난 바지의 추억은 죽는 날까지도 잊히지 않을 것이다.

(2016. 6)

낚시에 대한 낙서(落書)

낚시에 대한 나의 인식은 제한적이다. 강태공처럼 세월을 낚는다면 모를까. 나도 한때 낚싯대를 준비하고 친구들과 함께 바다로 강으로 연못으로 모여 다니면서 시간을 보낸 일도 있다. 돌아올 때 항상 바구니가 가득했던 것은 아니고 빈손이거나 남이 낚은 고기를 몇 마리 얻어 오기도 했다. 그러다가 바빠진 탓도 있겠지만 소득 없이 시간만 소비하는 거라는 생각이 들어 낚시를 접었다.

그러다가 요즘 우리 집에서 가까운 한강 나들길을 산책하면서 20여 년 전의 일이 생각나서 펜을 든다. 골프모임에서 부부동반으로 뉴질랜드에 투어를 가게 되었는데 일행 중 낚시광이 있어 일정에 부인들은 관광하고 남자들만 배를 임대해서 뉴질랜드 앞바다로 바다낚시를 가게 되었다. 그 배는 중년부부가

운영하면서 서빙도 하고 있었는데 육지에서 한 시간 가량 나가서 낚시를 드리웠더니 물 반 고기 반이라 일행들이 연달아 커다란 광어를 낚아 올렸다. 30㎝가 안 되면 무조건 방생하는 법규가 있다는데 그 수치와 가까워 보이면 선주가 잣대를 들이대서 1㎜라도 미달이면 방생한다. 누가 보는 것도 아니고 사사오입으로 넘어갈 수도 있는데 철저하다는데 감동했고 갈매기 떼로 둘러싸인 배에서 그들에게 고기를 빼앗기지 않으려고 두 손으로 공손하게 배 외벽 쪽으로 조심스럽게 마치 기도라도 하듯이 정중한 자세로 방생하던 모습이 잊히지 않는 기억으로 남아 있다. 거기다가 한국 사람이 배를 빌리면 고기를 낚아서 회를 쳐서 먹는다는 사실을 미리 알고 초고추장에 참기름, 마늘, 상추, 와인까지 준비해서 남편은 회를 뜨고 부인은 매운탕을 끓이고 틈틈이 갈매기 먹이까지 챙겼다. 그분들의 기억이 나의 낚시에 대한 아름다운 추억으로 남아 있다.

한강 나들길은 위치에 따라서 다르게 이름이 붙여져 있고 하류로부터 상류까지 한강변에 만들어진 산책로는 사시사철 사람들로 붐빈다. 걷다보면 강변에 낚싯대를 두세 대씩 드리우고 소식이 올 때까지 한가롭게 앉아있는 강태공들을 심심찮게 만날 수 있다.

거의 매일 그곳을 지나다니면서도 고기를 낚아 올리는 광경은 한 번도 보지를 못하다가 하루는 50대로 보이는 낚시꾼이

10㎝가량 되어 보이는 은색고기를 낚아 올려서 고기를 낚싯바늘에서 떼어 내어 망태에 담지 않고 바닥에 던져 놓았다가 퍼덕거리는 물고기를 발로 차서 강으로 보내는 것을 보고 깜짝 놀라 뉴질랜드의 낚싯배 주인 부부의 기억을 되새기게 된 것이다. 자기 욕구에 부합하지 않으면 낚싯바늘에서 떼어낼 때 마음속으로라도 '자유롭게 살아라. 그리고 낚싯바늘을 조심해라. 사랑한다' 하고 물속으로 보내주는 아량의 행동을 보였다면 내가 이날까지 마음에 담아두지 않았을 것이고 대리만족하고 미소를 지을 수도 있을 것이다.

그는 왜 그랬을까. '조그마한 놈이 나를 속여? 이 새끼야, 엿 먹어라' 하고 발길로 차 버린 게 아닐까. 아무리 의식도 감정도 없는 미물일지라도 지구상에 공존하고 있다면 그 존재가치는 인정하는 것이 당연하고 이는 만물의 영장으로서 인간이 할 일이 아닌가.

(2021. 1)

다시 태어나도 당신을

사지가 멀쩡한 사람은 하느님으로부터 크게 축복 받은 사람이다. 어디 한 군데라도 자유스럽지 못할 때, 그 고통은 겪어보지 않은 사람은 모른다.

인간에게 눈이나 귀가 있다는 것이 참으로 대단한 축복이라고 생각하는 사람은 없다. 당연히 있어야 할 기관이 있다고 생각하며 살고 있다. 특히 눈의 소중함은 어떠한 계기로든지 느껴보지 않고는 모른다. 마치 공기의 소중함을 모르는 것과 같다. 물론 신체의 어느 부분이나 소중하지 않은 데가 없지만 이 넓고 아름다운 대자연을 보지도 못하고, 낮과 밤이 같다고 생각해 보라. 내 행복의 실체인 내 가족의 얼굴을 못 보게 된다면 참으로 크게 잃은 사람일 것이다.

지금부터 약 40년 전의 일이다. 아내의 한쪽 눈에 백내장이 생겨서 고생하고 있었다. 그 시대에는 백내장 수술이 지금처럼 30분도 안 걸리는, 그렇게 간단한 일이 아니었다. 안구를 빼내서 백내장을 걷어내고 다시 넣어 정착시키는 수술이었기 때문에, 회복과정이 극히 힘들고 환자는 지옥과 같은 고통을 참고 견뎌내야 했다. 그 당시 안국동에 있던 최모 안과가 우리나라에서 백내장 수술을 가장 잘한다고 소문이 나 있었다. 아내는 그곳에서 수술을 받았다. 수술이 끝나고 회복하는 단계에서 1주일을 반듯하게 드러누워서 절대 움직이지 못하게 하였다. 또 수술의 성패는 이 1주일을 잘 참느냐 못 참느냐에 달려 있다고 단단히 주의를 받았다. 1주일씩이나 움직이지 말라니 기가 찼다. 그 기간은 정말 길고도 길었다. 특히 밤이 더 힘들었다. 잠결에 무심코 몸부림이라도 치면 어떡하나 하며 지켜보느라 낮보다 훨씬 괴로웠다. 깜박 잠이 들었다가 놀라 깨서, 환자가 조용히 자고 있으면 안도의 숨을 내쉬었다. 낮에는 책을 읽어주기도 하며 온갖 수단을 동원해서 잘 참아내도록 돌보았다. 그때를 생각하면 시간이란 것이 길 수도, 짧을 수도 있다는 생각이 든다. 그러나 그렇게도 힘들여 잘 참아냈건만 수술 결과는 실패였다. 한쪽 눈은 실명되고 말았던 것이다. 크게 실망했지만 어쩔 수가 없었다.

그러고 10년쯤 지나니 설상가상으로 남은 한쪽 눈에도 서서히 백내장 증세가 진행되기 시작했다. 완전히 실명하기 전에 무슨 방법이 없겠는가 하여 권위 있다는 의사들에게 수차례 진단을 받아 봤지만, 전에 받은 수술이 실패한 원인을 알 수가 없으니 수술을 감행할 수 없다고 했다. 점점 증세가 심해져서 2, 3m 앞의 사람을 알아볼 수도 없어졌고, 절망적인 생활을 하게 되었다.

그러던 중 모 대학병원 병원장으로 있던 처조카의 소개로 여의도 성모병원의 백모 교수를 찾아가서 진찰을 받게 되었다. 그런데 어찌된 일인가? 수술을 당장 하자는 게 아닌가. 너무도 놀랍고 감동스러워 내 귀를 의심하면서도 선뜻 동의를 못하고 망설였다. 그동안에 어떤 분한테 진찰을 받았다느니, 다들 수술을 기피하더라는 등의 부정적인 말은 할 수도 없었다. 그분 역시도 주저할까 겁났기 때문이다. 또 남은 단 하나의 눈 수술이 실패한다면, 아내가 완전히 실명하게 될 것이니 두려웠다. 완전실명이냐, 하나 남은 눈을 잘 살리느냐의 절체절명의 기로였다. 만일의 경우 내 성한 두 눈에서 하나를 떼어 아내에게 줄 수 있나 하고 가능성을 타진했더니, 산 사람의 눈을 뺄 수가 없다고 대답했다. 생사의 기로에서 죽느냐, 사느냐를 선택하는 일처럼 곧바로 대답을 못하고는 온몸이 불덩이가 되어 하느님께 기도했다. '어찌하오리까. 어찌하면 좋으리까.' 그러고 나서 전격적으로 수술동의서에 서명했다. 절박한 순간, 눈물을 머금고 또 이를 악물고 동의를 한 것이다.

그렇게 수술을 하고 사흘 후, 안대를 떼는 순간 아내는 내 얼굴이 '환하게' 보인다고 말하는 게 아닌가. 그 극적인 순간! "오~ 하느님! 감사합니다. 정말 감사합니다."를 몇 번이나 되뇌면서 아내를 얼싸안았다.

지금도 시력이 약하기는 하지만 그 한쪽 눈으로, 새로 태어난 사람처럼 삶을 만끽하면서 감사한 마음으로 살고 있다. 그리고 꿈도 꾸지 못했던 중국, 미국, 유럽, 일본, 중남미 등 여러 나라 여행도 함께 하면서 정상적으로 살고 있으니 얼마나 고마운 일인가.

우리 부부는 각방을 쓰지 않는다. 모두들 늙으면 각방을 쓴다고 하지만 그래야 할 이유를 찾지 못한다. 늙었다고 해서 부부 일심동체가 달라지는 것이 아닐진대, 이혼을 하면 모를까 그렇게 할 필요가 없다고 생각한다. 노인이 되면 병도 생기기 마련이고, 서로 돌봐주어야 할 시기에 방을 따로 쓰다니 말도 안 되는 이야기다. 그렇게 되면 자연히 서로에게 소원해지지 않겠는가. 우리의 경우, 특별히 아내가 밤에 가위눌리는 현상이 가끔 있기 때문에 내가 옆에 꼭 붙어 있지 않으면 무슨 일이 일어날지도 모른다.

어쨌든 우리는 어느 한쪽이 여행을 떠나지 않는 한, 같은 이불 속에 함께 잔다. 내 인생이 소중한 만큼 아내의 인생도 소중하다. 또 부부란 하느님이 주신 인연이니 서로가 아끼고 소통하며, 또 상대방을 지켜줄 책임과 의무가 있다고 생각한다. 아내의 백내장 투병을 통해서 우리는 서로의 소중함을 절실하게 느꼈고, 더욱더 친밀하게 소통하는 계기가 되었다. 나는 다시 태어나도 지금의 아내를 배우자로 삼을 것이다. 왜냐고? 우리는 서로 익숙하기 때문에 조정기간도 필요 없이 아쉬웠던 점은 보충해 가면서, 곧바로 행복한 삶으로 직행할 수 있기 때문이다.

(2012. 12)

해는 또 다시

오늘 나는 다리를 골절당한 후 처음으로 도우미 없이 홀로서기로 친구를 만나러 나들이를 나갔다. 지금으로부터 꼭 4개월 전 지하주차장에서 부당하게 차 사고를 당해서 왼쪽 다리가 골절되어 지독한 통증 속에서 헤매었다. 수술을 받기까지의 일주일은 머릿속에 아무것도 없이 지독한 아픔만이 온 심신을 억누르고 있었다.

중대병원에서 수술을 받고 치료를 받다가 용인시 수지에 있는 신경외과에서 20일간 재활치료를 받았다. 미수(米壽)를 눈앞에 둔 동생(相珙)과 80을 눈앞에 둔 장조카(宏祐)가 매주 토요일마다 접골에 좋다는 음식을 몇 끼 분을 사들고 와서 같이 먹기도 했다. 이곳 내가 살고 있는 곳과 우리 아이들이 살고 있는 곳과는 대중교통으로는 여러 차례 환승하면서 한 시간 반 이상

걸리고 자가용으로도 한 시간 이상 걸린다. 하지만 병원에 머물던 3주간을 하루도 빠지지 않고 아이들(珍姬, 珍英, 英祐, 敏祐, 彦祐)이 교대로 와서 아픔을 덜어주었다. 참으로 고마웠고 이런 아이들을 효녀라고 해야 하지 않을까 싶고 가족의 체온이 치료의 특효약이 아닌가 싶다.

중대병원에서는 코로나 방역 거리두기조치로 간병인 외에는 문병을 금했지만 수지에서는 한 명씩은 방역수칙을 따르며 드나들 수 있었다. 우리 동네에 와서도 신경외과에서 물리치료를 보름 동안 받으면서 보행보조기구 워커에 의지하여 재활운동을 하다가 워커를 졸업하고 마누라 팔을 잡고 걷는 운동을 해 왔다. 이제는 지팡이 하나만 의지하면서 지내고 있다.

7년 전에도 인도(人道)에서 후진하는 무쏘승용차에 깔려서 의식을 잃은 적이 있다. 골절이나 외상은 별로 없었지만 척추의 운동신경마비로 지금까지도 절룩거리면서 살아가고 있는데, 이번에는 비교적 잘 버텨주고 있던 왼쪽 다리를 결딴냈으니 하느님의 엄벌이 아닐까 생각되기도 한다. 고해하고 감사하면서 겸손하게 남은 시간을 보내라는 명령인 듯싶었다.

오늘 나는 다시 태어난 기분이고 '해는 또 다시 뜬다'는 영화 제목이 생각난다. 사고를 당한 지 만 4개월 되는 오늘, 나는 홀로서기에 성공했다. 코로나의 장벽에 가려서 약 2년간 만나지 못하던 마산고등학교 동기들을 나 혼자 지팡이에 의지해서 별 어려움 없이 만나고 돌아 왔다. 더구나 모처럼만에 와인도 한 잔했다. 지금 소파에 앉아 있는데 통증은 별로 없다. 만세를 부르고 싶다. 얼마 전 친구모임이 있었는데 그 장소가 아마득하게 멀게 느껴져서 용기를 낼까말까 망설이다가 결국 포기하고 말았는데 오늘은 아무 탈 없이 다녀왔으니 망백(望百)에 재탄생(再誕生)이 아닌가.

(2021. 11)

작은 실천을

지난 4월 이전만 하더라도 아침을 맞이하면서 막연하게나마 좋은 소식이 기다리고 있을 것 같은 기대감에 하루를 맞이했고, 글 쓸 기분 좋은 소재가 나타나서 나를 시원하게 해줄 것이라고 기대하면서 하루를 보냈다.

그러나 지난 4월 16일, 세월호 사건이 발생한 후로 숨 고를 겨를도 없이 연달아 사고가 발생하고 있으니, 요즘은 자고 나면 오늘은 또 무슨 일이 일어나지나 않을까 하는 불안을 안고 새날을 맞이하고 있다. 지하철 충돌사건, 가스 폭발 사고, 어제는 요양병원 방화로 입원 환자 20여 명이 희생당하고 오늘은 도곡역에서 지하철 3호선 객실에 신나를 뿌린 방화사건, 조마조마한 하루를 맞이하고 있다. 제발 이런 불안한 분위기가 하루 속히 물러가고 행복한 시간만이 나를 기다려 주었으면 좋겠다.

해 뜨기 전이 가장 어둡다고 한다. 근간에 이 나라에 일어난 숱한 재난들이 물러가고 전화위복(轉禍爲福)이 되어 밝은 해가 떠오르기를 기대한다. 그리하여 남은 날들이 환하게 밝은 해가 솟아올라 우리 국민이 환히 웃는 얼굴을 보면서 여생을 마치고 싶다.

1807년에 독일이 나폴레옹으로부터 패망하고 온 국민이 실의에 빠져있을 때 철학자 피히테가 나타났다. 도덕과 정의가 사라지고 날로 타락해가고 사회 전체가 이기심(利己心)에 빠져 있을 때 그는 국민에게 '독일 국민에게 고함'이라는 제목으로 교육만이 독일을 재건할 수 있다고 전국 방방곡곡을 돌아다니면서 외쳤다. 그의 행동과 정신이 독일 재건의 원동력이 되었고, 그로부터 60년 후에 독일은 프랑스를 정복하고 돌아와서, 오늘의 승리는 독일 어머니들의 공적(功績)이라고 인정하고 교육의 힘을 증명해 주었다. 교육의 힘을 믿는 그들은 지구상에 영원히 번창할 것이다.

유태민족도 아이를 낳아 키울 때에 갓난아기 때부터 유태민족의 고난과 수난의 역사를 철저히 주입시켜서 그들의 목표를 뼛속까지 새겨주고 있다고 한다. 우리도 한때 훌륭한 영도자의 지도 아래 대대로 물려받은 지긋지긋한 보릿고개를 탈피하기 위해서 초인적인 노력을 한 때가 있었다.

이러한 민족정신을 살려서 이기심에서 벗어나고 도덕과 정의로 재무장하여 이 난관을 극복할 수 있는 교육의 힘을 불러 일으켜야 하지 않겠나.

그러기 위해서는 나부터 작은 실천을 하도록 해야겠다. 해야 할 일들을 메모해놓고 스스로 약속을 하고자 한다.

1. 책들을 정리하여 버릴 것은 버리자.
2. 옷들도 가려서 버리자.
3. 기타 일상 용품들도 가려서 버리자.
4. 이사 갈 곳도 정하자.
5. 사전의료의향서를 완결하자.
6. 利川 문제를 매듭짓자.(5/22)
7. 제주도 세화리, 난산리 문제를 매듭짓자.
8. 오피스텔 처리 문제를 매듭짓자.
9. 말년의 생활 대책을 구상하자.
10. 실버타운 입주를 목표로 삼자.
11. 재개발을 시점으로 하여 재출발하는 자세로 재산을 정리하자.
12. 죽기 전에 40편 정도의 수필집을 출판하자.
13. 금방 잊어버릴지라도 책을 많이 읽자.

(2014. 5)

버리고 가자, 과감하게

- 이사 준비

내가 살고 있는 이 집은 지금으로부터 꼭 20년 전에 시공자가 요구한 건축비에 10%를 더 얹어서 백 년을 살아도 문제없도록 튼튼하게 지었다. 칸막이도 모두 철근옹벽을 치고 배관도 동 파이프를 사용했다. 그러나 시대가 변하여 동네가 재개발촉진지역으로 지정되어 하는 수 없이 이 집을 허물고 아파트를 짓게 된다.

이 동네는 9호선이 개통됨으로써 강남과 김포공항으로 연결되어 각광을 받게 되었다. 3년 후엔 다시 돌아 올 것을 기대하면서 새로 거주할 곳을 물색하던 중 영등포구 당산5가에 있는 아파트를 매입하기로 결정했다. 나이가 나이인지라 셋집에 살다가 불행한 일을 당해서도 안 되고 아내에게도 말년에 잠깐이라도 셋집에 살라 하기도 뭐해서 그냥 이해관계를 떠나서 사기로 결정했다.

지금 살고 있는 이곳보다는 번화한 곳이고 지하철이 2호선역과 9호선역이 5분 거리에 위치하고 있어서 지공천사(지하철 공짜)들에게는 그야말로 천국이라 할 수 있다. 또 현재 큰아이 집이 10분 거리에 있고, 둘째도 바로 이웃으로 이사를 오게 되어 있으니 낯선 곳이라기보다 오히려 가족과 가까이 살 수 있으니 좋은 조건이다. 계약한 집은 5층이기는 하나 동간 간격(棟間間隔)이 넓어서 햇볕이 잘 들고, 주위에는 조경(造景)이 잘 되어 있고, 공원(公園)이 인접해 있어 도심지(都心地)치고는 비교적 주거환경(住居環境)이 좋은 편이다.

나는 계약해 놓고 집에 돌아와서 이것저것을 생각하다가 5자가 많이 들어가서 이 5자가 나의 운명과 관계가 있지 않나 하고 생각되어 혼자 웃었다. 6남매(男妹)중에 다섯 째, 남자 형제 5형제, 지금 내 나이 끝 숫자가 5자, 결혼한 날짜가 5일, 우리 아이들이 5자매(姉妹), 내가 살고 있는 집이 501호, 이번에 산 집이 당산5가에 503호, 계약한 날짜가 2015년 5월 15일, 내 휴대전화번호도 5가 6개이고, 20년 전에 3년 동안 거주했던 아파트도 502호 등, 5자가 무려 23자이다. 이번에 그 집을 계약함으로써 5자가 8개가 더 늘었다.

사람이 살아가면서 10년 내지 20년을 한 주기로 해서 이사를 한번 하는 것도 좋을 것 같다. 그래야 지난시간 동안에 쌓인 묵은 때를 벗기고 새로운 환경에서 도약할 수 있지 않겠는

가. 또 그동안 자기 자신과 우리 사회의 생활패턴이 얼마나 변했는지 알 수 있고, 또 내 생활의 밑바닥까지 청소하고 정리정돈할 수 있는 기회를 갖는 것은 필요한 일이라고 생각한다.

이번에 내 평생 10번째 이사를 하게 되고, 이 집에서는 20년 만에 이사를 하게 된다. 그동안 이것저것 주워 모은 것과 손때 묻은 것을 보면서 버리고 가야하나 가지고 가야하나 애착이 마음을 어지럽힌다. 더구나 전기기기 중에 음향 기기들은 옛것이기는 하나 좋은 제품이고 아직도 정이 묻어 있는 것들을 버려야 하나 판단이 안 선다. 옷들도 허리치수가 늘어서 입기가 거북하기는 하지만 바탕도 색상도 훌륭한데 체중만 줄이면 입을 수 있는 옷을 어떻게 버려야 할지.

한 친구한테 이사를 해야 하는데 버리는 것이 어렵다고 했더니 그 친구 하는 말이 "한 집에서 60년을 살다가 이사를 하게 되어 2트럭을 버리고 갔는데도 가지고 간 짐 가운데 10년이 지난 지금도 풀어보지 않은 보따리가 있다."고 하면서 과감하게 버리라고 했다. 또 어떤 분이 『버리는 지혜』라는 두툼한 책을 펴낸 것을 겉장만 본 일이 있다. '버리는 데 무슨 지혜?' 하고 지나쳤다. 그러나 지금 나는 그 책을 읽어 보지 못한 것을 후회하고 있다.

정든 물건들을 내 손으로 버리는 데는 지혜가 필요하지 않나 하는 생각이 들기 때문이다. 실은 버린다 해도 내 손에서 떠난다 뿐이지 쓰레기통에 바로 가는 것은 아니다. 필요한 사람에게 넘겨주든 기증을 하든 내 손에서 떠나는 것은 나에게는 버리는 것이 된다. 다만 버리는 문제로 아내하고 크게 다투지는 않을까 걱정이 된다.

우리 부부는 나이 차이도 있지만 자란 환경이 달라서 무조건 못 버리는 나하고는 많이 다르다. 이사할 날이 두 달도 더 남았는데 아내는 매일 갖다 버리면서 자개장도 버리자고 떼를 쓴다. 오래전에 그것을 장만할 때 내 재력으로서는 큰마음 먹고 거금을 들인 것인데 돈 붙여서 버리고, 가서 붙박이장을 만들자고 한다. 안 된다고 해야 하나 그러자고 해야 하나.

나 역시 큰맘 먹고 취사선택(取捨選擇)의 칼을 들고 전자제품들을 살펴보았더니 클래식, 트로트, 가곡 등의 CD가 가득하고 LP판도 상당히 많다. 그래! 이것들도 모두 버리자. 지금은 mp3나 Youtube나 usb를 이용하면 PC로는 물론 스마트폰으로도 언제 어디서나 얼마든지 들을 수도 있고 볼 수도 있지 않는가. 다만 그런 기기들을 다룰 기술이 따르지 못할까 걱정일 뿐이다. 그리고 사진첩도 필요 없다. 차라리 스캐너를 사서 스캔하거나 스마트폰으로 찍어서 동영상으로 만들어 usb에 옮겨놓으면 간편하기도 하고 마음만 먹으면 음악을 들으면서 볼 수가 있다.

저 서가에 가득히 꽂혀있는 책들도 미련 없이 버리자. 책 속에 우주만물의 진리가 가득 들어 있다한들 책장을 열어보지 않으면 무슨 소용이 있는가. 내가 살아 있는 동안 다시 읽지 않을 책은 과감하게 버리자. 내 가족 그 누가 저 책들을 읽겠는가. 또 요즘은 전자책도 나온다고 하고 우리말, 영어, 일본어, 독일어 등 각종 어학사전과 백과사전, 인명사전 등이 없어도 모두 PC 또는 스마트폰으로도 해결이 된다.

또 한 번 이사를 해야 할지는 모르지만 이번 이사로 과감하게 버려서 나의 마지막을 대비하고, 더 넓은 공간과 새로운 환경에서 가벼운 마음으로 여유롭게 지내자.

(2015. 5)

보은(報恩) 반세기

우리 역사상 가장 불행한 6·25동란을 겪고 있던 그 시대에 편하게 밥 먹고 대학에 다니는 사람은 드물었다. 그러던 중 다행히 전쟁이 시작된 지 3년여 만에 휴전은 되었지만 국민들의 생활 향상은 꿈도 꿀 수 없었다. 그 시절 나의 대학생활은 참으로 악전고투였지만 폐허 속에서 피어난 장미처럼 아름다운 향기로 세상을 밝혀 주신 은사가 계셨다.

재학 중 어느 날 강의가 끝나자마자 나는 허둥지둥 노량진 고개를 향해서 발걸음을 재촉하고 있었다. 그런데 뒤에서 "미스터 남!" 하고 부르는 소리가 들렸다. 나를 부르는 소리 같기도 하고 아닌 것 같기도 했지만 뒤를 돌아보았다. 얼마 전에 미국에서 돌아오신 우리 학과의 여자 교수님이었다. 나는 처음 들어보는 '미스터'라는 호칭이 낯설고 거부감마저 느꼈지만 "저를 부르셨습니까?" 하고 반문하였다.

"여러 날 게시판에 너를 찾는 글을 남겼는데 못 봤단 말인가." 노하신 듯해서 고개를 숙이고 있었지만 사실은 나는 바쁜 몸이었다. 시간에 맞추어서 미군부대에 노무자로 출근해야 했기 때문이었다. 당장 돌아서서 나를 따라 오라고 하셨다. 출근해야 하는 사정을 말씀드렸지만 막무가내였다. "나를 따라 우리 집으로 가자."고 하시면서 소매를 잡아당기셨다. 너무하신다고 생각했지만 더 거부할 수 없어서 뒤를 따랐다.

집으로 데리고 가신 교수님께서 내 평생 한 번도 먹어보지 못한 불고기를 마음껏 먹으라고 상을 차려주셨다. 나는 이렇게 맛있는 음식을 먹어보시지 못한 시골에 계신 아버지 생각에 감히 먹지 못하고 망설이고 있는데 얼른 먹으라고 재촉하셨다.

왜 나에게 이렇게 관심을 가지셨는지를 조금 후에 알게 되었다. 그분이 한국에 돌아와 보니 비극의 주인공이 너무도 많겠다고 생각되시어 실정을 정확하게 파악하기 위하여 자기가 담당하고 있는 과목의 과제로 간단한 자서전을 써내라고 강조하셨다. 과제를 내지 않으면 학점을 주시지 않겠다고까지 말씀하셨다. 나는 강의가 끝나자마자 곧바로 아르바이트를 가야 하기 때문에 시간이 없어서 내지 못하고 있었다. 그러다가 학점 걱정이 되어 작은 노트 한 권을 사서 내 고향의 환경과 어머니 없이 자라온 과정을 고교 재학 시절, 그리고 현재의 생활상 등을 투박한 연필로 새까맣게 써서 제출했다. 교수님께서 내가 써낸 나의 자서전(?)을 읽어 보시고 사흘을 못 주무셨다면서 얼른 연락이 닿지 않아서 화가 나셨다고 했다.

우리가 써낸 글을 통해서 한국의 실정을 파악하시고 학생들의 학비를 해결해야겠다고 결심하셨단다. 첫 번째로 스스로 그 당시에는 적지 않은 50만원을 출연하시는 등 다방면으로 노력하셔서 장학기금을 마련하셨다, 또 한편으로 한미재단의 도움을 받아 성적이 우수하나 경제사정이 어려운 학생들이 자활(自活)하도록 약 3.000㎡의 밭이 딸린 육영학사(育英學舍)를 마련해 주셨다. 그리고 마땅히 아르바이트를 구하기 어려운 실정을 감안해서 근로장학생이라는 이름으로 학교 강의실 청소를 통해서 생활비를 마련하도록 주선해 주셨다.

평생 독신으로 지내신 그분은 깊은 학식을 전달해 주시기보다 훈훈한 인간을 양성하신 인성의 참 스승이었다. 그분의 비석에는 '달성 서씨 서영채 교수, 1907년에 대구에서 태어나시고 … 1962년 6월 23일에 서울에서 돌아가시다.' 비석 전면에는 '살아 한 세상 나를 위해서는 아무것도 남기지 않고 남을 위하여 모든 것을 바치신 사랑의 스승 이곳에 영원히 계시다. 문하생 일동'이라고 기록되어 있다. 안타깝게도 제자들을 위하여 더 많은 일을 하시지 못하고 56세의 젊은 나이로 세상을 떠나셨다.

그때 은혜를 받은 사람들은 지금 모두 80세를 넘었고 백발이 성성한 노인이 되었다. 그러나 한 해도 빠지지 않고 반세기보다 많은 53년간 교수님의 기일을 전후해서 묘소를 참배하였으며, 선생님 얼굴을 보지도 못한 제자들도 해마다 그분의 묘소를 참배했다. 그러나 이제 수혜제자들은 모두 늙어 힘이 모자라고, 또 마땅히 주선할 사람도 없어서 안타깝게도 작년부터 참배가 멈추어졌다. 그분의 기일이 와도 마음으로만 추모할 수밖에 없게 되었다.

우리 전통문화에서는 군사부일체(君師父一體)라고 해서 스승과 부모를 동격시(同格視) 했다. 부모는 자식을 낳고 스승은 그 자식을 사람답게 만들기 때문에 부모와 스승은 같다고 생각했다. 누구나 초·중·고·대학을 통해서 잊지 못하고 고맙게 생각하는 스승이 있을 것이다. 사랑하는 부모와 은사에게 보답하는 길은 죽는 날까지 그분들을 그리면서 그분들에게 부끄럽지 않은 삶을 영위하는 것이다.

'스승의 은혜는 하늘과 같아서…♬' 명복을 빌며 마음으로 스승의 날 노래를 불러 본다.

(2016. 7)

수신(修身)하면서 살자

아침에 자고 나면 신문을 갖다 놓고 혹시라도 기쁜 소식이 있을까하고 제목을 훑어본다. 별 시원한 기사가 없다. 텔레비전을 켠다. 혹시나 나를 기쁘게 하는 소식이 없나하고 약 30분을 참고 본다. 때로는 험한 소식이라도 없기를 바라기도 한다. 하도 기막힌 소식들이 사정없이 들이닥치기 때문이다. 거의 다 인위적인 사건이 많다. 누구의 탓인가 우리는 근본적으로 스스로를 반성해 보아야 한다.

공자(孔子)가 말하는 인간의 기본 철학을 수신제가치국평천하(修身齊家治國平天下)의 첫 번째 덕목인 수신을 신체 건강보다 마음을 닦는 수심(修心)에 있지 않았나 생각된다. 학문을 닦아서 지식을 쌓고, 심성(心性)을 바르게 하여 삼강오륜(三綱五倫)을 철저하게 실천하는 인물을 만드는 것을 수신이라고 하지 않았나 싶다. 육체(肉體)의 건강을 위해서는 첫째가 기아를 면하는 것이다. 금강산도 식후경이라, 식생활이 어느 정도 해결하고 난 다음에 육체의 건강을 위해서 운동에 관심을 가지기 시작할 것이다. 올림픽이 생기고, 아시안게임이 생기고, 월드컵이 생겨서 매스컴을 탈 때까지 우리는 나 자신의 건강을 위하여 운동의 필요성을 느끼지 못 했었다. 그러나 육신의 건강이 정신 건강의 필수 조건이다.

다음으로 심성을 닦는 일인데 요즘 세상에 삼강오륜을 주장해 보아야 관심을 가질 이가 없고, 양심을 내 인생의 길잡이로 생각하고, 의(義)를 위하여 이 몸을 던질 줄 아는 인성을 키우던 시대는 너무 멀리 가버린 듯하다. 그러나 이러한 작업은 교육에서 이루어지고, 교육만이 할 수 있는 일이다. 교육이란 가정교육이 가장 중요하고 다음으로 학교교육 다음으로 사회교육인데, 지금 우리나라에서는 교육 환경이 많이 잘못 흐르고 있다.

가정에서는 자녀를 하나 아니면 겨우 둘, 세 자녀를 둔 가정이 드물다. 한 둘을 둔 가정에서는 자식에게 갖은 비위를 맞춰 가면서 하늘 같이 떠받드니, 더불어 사는 세상에서 적응하는 원만한 인격자가 되겠는가. 더구나 최고의 자식을 만들려고 최고의 대학에 진학시키기 위하여 물불 가리지 않는 노력을 함으로써 인성은 기계가 되고 만다. 이리하여 좋은 대학을 나왔다고 해봐야 성공한 인생이 되기는 어려워진다. 행복이란 성공한 인생의 전유물이기 때문이다. 그러나 우리나라의 근대화 과정에서 이런 교육열이 일조를 한 것만은 부인할 수 없다.

학교 교육은 어떠한가. 중·고등학교에서는 학교의 명예를 위하여 좋은 대학에 하나라도 더 보내기 위하여 교육의 참 의미보다는 입시위주의 주입식으로 가르치니 예민한 시기에 인성은 어떻게 되겠는가. 게다가 전교조는 삐뚤어진 교육을 시킴으로써 국가 파괴적인 인물을 만들어 내고 있으니 참으로 걱정스럽다. 공교육 전체가 경쟁심만 주입을 시키니 경쟁에서 승리하기 위하여 빤히 보이는 거짓말도 서슴지 않는 사회가 되고 있다.

사회교육은 어떠한가. 우리의 일상생활의 모든 것은 법으로 규제한다. 교통 법규를 지켜라, 쓰레기를 함부로 버리지 마라, 담배를 아무데서나 피지 말고 담배꽁초를 아무데나 버리지 마라, 공원에 애완견을 데리고 가더라도 배설물은 직접 처리하라. 그런데 이런 법규가 있는데도 불구하고 사람이 안 보는 데서는 슬쩍슬쩍 위반한다. 운전자가 담배꽁초를 슬쩍 버린다. 학생들이 과자를 먹고 포장지를 눈치 봐가면서 슬쩍 버린다. 아주머니가 손에 쥐었던 쓰레기를 슬쩍 뒤로 떨어뜨리고 뒤도 안 돌아보고 걸어간다. '바늘도둑이 소도둑 된다'는 옛말이 있다. 이러한 습관이 우리 사회전체를 오염시키고 철없는 아이들은 오염된다.

정치인들을 보라. 혐의가 확실하여 감옥으로 걸어가면서도 뻔뻔스럽게 부인하고, 사건의 원인제공을 한 자가 그것도 자식을 가진 어미가 보도매체를 통하여 온 국민이 정확하게 두 눈으로 보고 있는데도 '나는 보지 못했다'고 한다. 이런 야비한 인간들을 보고 지나가라고? 이런 치졸한 인간에게 국정을 맡기라고? 우리 국민들이 구역질만 하고 살라고? 구제받지 못할 인간을 소속 단체에서는 보상 외국 여행을 시키느라고 외무분과로 영전시켰다니 이런 오물구덩이에서 숨을 쉬는 환경에서 올바른 인성을 가진 인간이 생겨나겠는가.

이러한 사회 환경에서 자기 스스로에게 욕되지 않게 살아갈 인간이 나오리라고 기대하는 것 자체가 모순이다. 그래도 포기할 수는 없지 않은가. 꾸준히 외치고 노력하여 참다운 인간으로 수신(修身)하여 인간의 참모습대로 살아갈 수 있는 사회를 만들도록 노력하고 힘쓰자.

(2015. 6)

세배

우리나라에는 설이라는 고유 명절이 있다. 어느 나라에든 고유문화가 있기 마련인데 우리는 전통적인 유교문화로 새해를 맞이하여 조상에 대하여 지난해에 감사하고 새해에는 복 많이 받으시란 행사가 두 가지 있다.

첫째는 음력설을 맞아 조상들에 대한 차례를 모시는 행사인데 대개 종갓집에서 집안의 전 식구들이 모여서 지낸다. 대개 설 제사음식은 떡국이다. 그리고 기제사처럼 축문을 읽지 않고 약 5분간 엎드려서 명복을 비는 동시에 집안의 평안을 빈다.

두 번째가 세배다. 우리의 전통문화의 기본은 부모에 대한 효도이다. 낳아 주고 길러주신 감사한 마음을 담아 새해에도 건강하시고 행복하시기를 비는 마음으로 절을 올리는 의식이다. 옛날에는 돈이 귀할 때라 제법 잘 사는 집에서는 세뱃돈을 준 것으로 알고 있는데 우리 집안에서는 세뱃돈을 받아본 기억이 안 난다. 세뱃돈을 받지 않더라도 집안 어른들은 물론이고 동네 어른들을 찾아다니면서 새해에 복 많이 받으시라고 큰절을 한다. 세배를 받는 어른도 소원 성취하라고 축복해 주시고 악수를 하거나 머리를 쓰다듬어주면서 다과와 음식 대접을 한다.

그 다음에는 끼리끼리 모여서 어른들은 윷놀이, 화투놀이도 하고 아이들은 자치기, 땅따먹기, 딱지치기, 줄넘기를 하면서 정월 초하루를 즐겁게 보내고 한 해를 맞이했다.

그러나 일제 강점기에는 음력설을 못 쇠게 하고 양력과세를 강요하였다. 전통적이던 문화가 하루아침에 없어지는가. 숨어서 음력설에 조상의 제사를 모시는 분들이 많았다. 양력설은 그냥 신년 하례만 하게 되어 이중과세라는 말이 생겨났다.

1945년 해방이 되자 많은 분들이 음력설에 조상제사를 모시게 되어 설은 음력 정월초하루를 기점으로 3일간 공휴일로 제도화되었다. 양력 1월 1일은 행정상으로 신년행사를 하게 되어 그야말로 이중과세가 공식화된 셈이다.

세월이 흘러 내가 세배를 받게 되어 신정이냐 구정이냐를 두고 고민 끝에 신정으로 결론을 냈다. 만일 내가 조상의 제사를 주관하게 되었다면 부득이 음력설에 제사를 모시고 세배를 받아야 하겠지만 우리 명절제사는 종손인 장조카가 주관하기 때문에 양력 정월초하루는 자유롭다. 나의 슬하의 딸들도 음력 정월초하루에는 모두 시가(媤家)에서 제사를 모시기 때문에 신정에 우리 집에 모이는 데는 전혀 어려움이 없다.

이런 집안 행사는 큰딸 내외가 주관하기에 나는 하자는 대로 따르기만 하면 되기 때문에 부담이 없다. 단 세뱃돈을 얼마를 줄 것인가 고민했는데 올해부터는 최하가 중학교 졸업이라 공평하게 일률적으로 성의 표시만 하는 것으로 결론이 났다. 내가 수입이 괜찮을 때는 용돈 주는 마음으로 어느 정도 푸짐하게 주기도 했는데 지금은 그러지 못해서 아쉽다.

코로나 장벽이 모임을 제한하는 어두운 시대라 한꺼번에 모여서 차례차례 세배를 받고 동영상 찍고 아이들은 주머니가 불룩하고 즐겁던 때가 그립다. 이번에는 6인 이상 만나지 못하기 때문에 아이들이 시간제로 오전 10시, 12시 오후 2시, 4시에 번갈아 가면서 세배하고 돌아갔다.

영상세배라는 신조어가 생겨났다. 세배 받을 사람이 코로나 때문이기도 하지만 함께할 사정이 못되어 우리 집에다 아이들 세뱃돈을 맡겨 놓았기에 전달했더니 세뱃돈을 받고는 영상 전화를 걸어 놓고 세배하는 것을 보고 기발한 시대상(時代相)이다 싶어서 긍정적으로 웃어넘겼다. 영상회의, 재택근무, 영상수업의 시대라 영상 세배라고 이상할 것도 없고 웃을 일도 아니지 않는가. 지구 저쪽에 있는 어른에게도 영상으로 세배하고 모바일로 세뱃돈 받는 시대다. 한편으로는 영상 세배시에 대화는 주고받을 수 있을지 몰라도 극히 인간적인 정을 나누는 악수하고 손으로 머리 쓰다듬는 스킨십은 어떻게 하나 싶다.

(2022. 1)

2.

나는 늙어가는 중

인연(因緣)

불교에서 '옷깃만 스쳐도 억(億) 겁의 인연'이라는 말이 있다. 그 당시에 지구상의 인구가 70억 가까운 현대를 바라보면서 한 말은 아닐 것이다. 현 세상에서는 많은 사람 속에서 옷깃 피하기가 오히려 쉽지 않다.

요즘은 코로나로 인한 비대면 시대라서 옷깃하고는 다소 멀어진 듯하여 아쉬움이 있다. 그런데 온기를 느낄 수 있는 우연한 만남으로 마음을 나눌 수 있는 인연을 생각했다. 그러나 그 인연을 이어가려면 인내가 많이 필요하다. 여러 날 가슴만 태우고 있는데 스멀스멀 용기가 발동했다.

그래 스쳐가는 바람쯤으로 생각하고 돌아서기에는 내 마음이 용서하지 않았고 그리고 내 마음에 맺혀있는 문제들을 푸는데 도움을 줄 것 같은 기대도 있어 아침에 눈을 뜨면 용기를 내려고 했으나 그 인연을 통해서 나의 기대를 충족시키기에는 가볍게 생각할 일은 아니었다.

선의에서 출발한 인연이 악연으로 끝나는 경우도 있다. 10여 년 전이다. 훌륭한 기술을 가졌지만 번번이 남에게 이용만 당하는 사람에게 나로서는 힘에 겨운 지원을 해주었다. 그러나 성공을 거두지 못해서였는지 내가 지원한 채무에 대한 반환을 수십 번 약속하고도 단 한 번도 지키지 않았다. 서운한 마음에 밤잠을 못 이룬 적도 많았지만 '돈 잃고 사람 잃으면 얻을 것이 없다'고 참아왔다. 그러나 이 사건을 옆에서 보아온 분이 일을 저질러서 둘 다 잃는 악연으로 끝날 처지에 놓여 있다.

반면, 반세기 전에 있었던 일인데 악연이 행운으로 발전한 일도 있었다. 사람은 누구나 자기가 선택하지 않는 길로 내몰려서 생사의 기로에 설 수도 있다. 빅토르 유고의 레미제라블이라는 작품에 장 발장이 조카들이 굶고 있는 광경을 보고 빵 한 조각을 훔친 죄로 19년이라는 긴 세월을 감옥에서 보냈는데 양심의 죗값은 아니라고 생각한다.

내가 오래전에 경험한 일인데 중산층으로 잘 살고 있던 어느 가족이 예기치 않은 사건으로 온 가족이 거리에 내몰리게 되었다. 굶주림에 시달리는 가족을 위하여 손발이 자유로운 사람이라면 누구나 빵을 훔쳐서라도 가족의 허기를 면케 하고 싶으리라.

절박한 환경에서 출발한 행위일지라도 양심에 가책은 피할 수 없고 형사처벌도 피할 수 없다. 그러나 피의자가 살아가기 위한 절박한 입장에서 한 행위였다는 사실을 확인하게 되면 분노에 차 있던 피해자라도 배려와 관용으로 용서해 주고 밝은 햇빛으로 유도해서 행복의 동산으로 인도하고 싶을 것이다. 이렇게 아름다운 인연으로 승화시킨 사건은 내가 실제로 겪었던 일로서 지금도 그들의 안부가 궁금하다.

사람은 인연으로 출발해서 인연으로 끝난다. 인생을 연극이라 한다면, 지금 나는 내 인생 끝자락, 마지막 장막이라 해도 과언이 아닐 것이다. 우연한 기회에 문인들과 인연을 맺어 새로운 세상에서 벅찬 부담 속에 부지런히 길을 걷는다. 내 일생 이상향(理想鄕)이 어디더냐고 물으면 아름다운 꽃과 그림이 가득한 문인들의 세계라고 답하고 싶다. 너무 늦게 찾은 길이라 먼발치에서 바라보면서 좀 더 일찍 시작했으면 하는 아쉬움을 지니며 끝이 날 것이다.

마지막 웃는 자가 최후승자라고 한다. 아직도 즐기는 운동 골프, 철저한 나 개인의 기(技)로 진행되지만 축구나 배구는 멋진 도움 없이는 황홀한 장면을 연출할 수 없다. 뒤늦게 시작한 문학의 세계에서 나의 길을 찾아 나아가려면 멋진 도우미가 필요하다. 이론과 지식만이 아니고 몸으로 풍기는 도우미가 필요하다. 그래서 뒤늦게 만난 문학에서 나 자신을 스케치하고 토해내며 살고 싶다.

독서를 통해서 선각자의 가르침을 인용하거나 그분들의 문장이나 뜻을 인용하는 경우도 있는데 이 또한 인연이라고 생각해도 되지 않을까. 인연 즉 혈연, 지연, 학연 등에 대해서 토를 다는 것은 이 나이에는 어리석은 일이라고 생각된다. 피천득이 경험한 애절한 인연이든 우연한 인연이든 의식적으로 만든 인연이든 어떻게 엮어나가느냐에 따라 삶의 질이 달라지지 않을까.

여러 날 애를 태웠다. 원하면 이루어진다했던가. 반가운 전화, 단번에 약속이 되었다. 오늘 문우 H군과 S교수 두 분을 만나서 약 두 시간을 함께했다. 나 자신을 문인으로 자처하고 문우라고 부르기는 했지만, 많이 부족하다. 그들은 순수 문인이다. 문인이기 전에 지성과 감성이 몸에 밴 참 인간성이 내비치는 분들이었다. 직·간접으로 좋은 느낌을 주었고 문학에 관한 대화로 많은 자문도 얻었고 용기도 주었다.

지금 이 글을 쓰고 있는 에너지도 오늘의 만남에서 얻은 듯하다. 좋은 인연이기를 그리고 남은 내 인생의 길동무였으면 하는 바람이다.

(2020. 7)

자기성찰(自己省察)

아픈 장수(長壽)는 축복(祝福)이 아니란다. 맞는 말이다. 누구나 건강하게 오래 살기를 원하지 아프면서도 오래 살기를 원하겠는가. 내 나이에 더 오래 살아야 할 욕심은 없지만 죽고 사는 것이 어디 사람마음대로 되는 일인가. 살아 있는 동안 건강해야겠다. 그래야 나도 행복하고 우리 아이들도 걱정 없이 행복할 것 아닌가.

마늘이 식품 중에 제일이며 특히 마늘을 발효시킨 흑마늘은 생마늘보다 효능이 월등하다고 한다. 마침 올해는 마늘이 풍년이라 알도 굵고, 값도 싸고 해서 욕심을 좀 부려서 십여 접을 샀다. 옥상에 천막을 치고, 그 안에 매달아 놓고 말리면서 대형 전기밥솥에다 10일간 보온상태로 유지하여 숙성시켜 흑(黑)마늘 만드는 작업을 계속했다. 몇 년 동안 계속해 왔지만 이번처럼 많은 양은 처음이다. 그런데 마늘은 열물(熱物)이라 잘 썩는다. 썩지 않게 하려면 어느 정도 건조(乾燥)한 다음에 냉장 보관해야 하는데, 이번에는 미처 마르기도 전에 장마가 계속되어 곰팡이가 쓸기 시작했다. 당황하여 식품 건조기에 약간 건조시켜 비닐봉지에 싸서 보관하고, 나머지는 김치냉장고, 그래도 남은 것은 속수무책으로 그냥 천막 밑에 매달아 두기도 했다. 이렇게 옥상을 오르내리면서 하루 종일 신경을 쓰고 잠자리에 들었을 때 곤히 잠들 줄 알았다.

그런데 나의 의식은 새로운 삶을 꾸려갈 준비를 하고 있었다. 내가 이 순간 죽으면 무엇이 문제일까. 내가 살아오면서 아직 미진(未盡)한 것이 무엇일까. 별로 없는 듯했다. 무용지물이 살고 있다는 뜻이다. 그렇다면 지금 이 순간에 죽는다고 생각해보자.

그런데 내가 죽고 난 다음에 문제는 무엇일까. 아이들은 모두 그런대로 잘 살지 않겠나. 아내는 어떨까. 대부분의 할머니들은 영감이 먼저 죽으면 해방된 듯이 더 활기차게 산다는데, 집사람은 내가 먼저 죽으면 큰 기둥이 없어져서 중심을 잃고 오래 지탱하지 못할지도 모른다.

그런데 내가 죽었다고 누구에게 알리라고 해야 하나. 결혼식 손님은 부모의 손님, 장례식 손님은 자식들 손님이라고 하는데, 나의 친구들에게 알릴 필요가 있을까. 그래도 몇 사람에게는 알려야 하겠지. 알릴 사람의 이름과 전화번호를 남겨 두어야 할 것이다. 고향친구들에게는 이 누구, 대학동문에게는 정 누구 기타에게는 누구 등에게 알려서 알아서 연락해 달라고 하면 될 것이다.

그런데 알리면서도 영안실은 알리지 말고, 그냥 명복이나 빌어 달라고 하면 어떨까. 아니다, 나를 알고 있는 사람끼리 한 번 더 만나서 술 한 잔 하면서 내 이야기도 하고, 살아온 경험담과 지혜를 서로 나누면서 근황을 이야기할 기회를 제공하는 것도 나쁘지 않을 수도 있겠지.

그런데 내가 죽었다고 기별이 가면 "아니, 그 친구, 백 살을 살겠다고 큰소리치더니, 그래 지금 관 속에 누워있다고?"

"아니, 9988234*를 누구보다도 더 잘 지킬 것이라고 장담하던 사람인데?"

"그렇게 팔팔하고 삶의 의욕이 넘쳤는데 왜 죽어?"

"심장마비라고? 그 사람한테 그런 증세가 있었다고? 아니야, 그럴 리 없어, 무슨 사고일 거야."

"좋은 인상을 주려고 많이 애쓴 사람인데…."

"날 많이 좋아 해주었는데…."

"요즘 수필로 문단에 등단했다는 소문도 있던데? 그리고 컴퓨터도 상당한 실력을 갖고 있다고 하던데…."

"의병기념일이 국가 기념일로 제정되었다고 굉장히 좋아하던데 무슨 역할을 했나."

"그분, 우리 고향 서울 향우회 회장도 했는데…."(의령인)

"골프도 잘 치고 항상 긍정적이고 낙천적인 성격을 가진 사람이었는데?"

그런데 나를 비방하는 사람은 뭐라고 욕할까. 그들은 자기대로 본 나를 두고 이러쿵저러쿵하고 잠깐 동안 더듬어 보겠지. 그리고는 끝이겠지.

"잘난 체하더니."

"나하고는 안 맞는 사람이었어."

"그 사람 내놓을 게 뭐 있나?"

더 지독한 쓴 소리는 생각이 안 난다. 역시 잘난 맛으로 살았던 것 같다.

'인생이란 참으로 별것 아니야'라고 할 것이 아니라, 후배들에게 모범이라도 보여줄 자세를 가다듬자. 그리하여 편한 마음으로 이 세상을 하직하여, 고종명(考終命)라고 일컬어지면 좋겠다. 그리하여 저 건너 양지쪽 피안에서 나에 대해서 무슨 소리를 하던지 그것은 그들의 몫이며 나는 지나가는 바람인 양 무신경하면 그만이다.

그런데 꿈인 줄 알았던 이 생각들이 생시에도 연결되는 것은 무슨 징조인가. 장마에 시달리면서 신경을 좀 썼다고 이런 허상에 매몰될 수 있을까. 그러나 허상이 아니고 나에 대한 철저한 성찰이며, 거울에 내 얼굴을 비쳐본 뚜렷한 의식의 작용임이 분명하다. 그렇다면 누구나 살아온 자기를 거울에 비춰보듯 자기 성찰을 하고 남은 시간을 아름답게 장식하도록 노력하는 것은 바람직하지 않겠나.

(2013. 8)

*9988234: 99세까지 팔팔하게 살다가 2일만 아프고 3일째 죽음을 맞는다.

카카오톡과 일상

카톡은 통신수단으로서 우리의 일상을 많이 변화시켜주고 있다. 통화로 알리기 불편할 때 카톡을 이용하게 되면 비용부담 없이 신속하고 정확하게 전달할 수 있어 현대문명을 대표하는 정보소통의 수단이라고 할만하다. 개인끼리의 소통은 개개인의 사연과 정보를 주위의 눈치를 보지 않고 마음 놓고 주고받을 수 있고, 공통목적을 둔 단체끼리 그룹 채팅은 가입자가 아무리 많아도 일시에 의사를 전달할 수 있으니 비용면에서나 시간적으로나 얼마나 편리한가.

그러나 단체 카톡에서는 일반회원들과 아무 관계도 없는 사담을 주고받으면서 시간을 가리지 않고 카톡 카톡하는 것은 공해가 아닐까? 물론 무음으로 전환해 놓으면 소리공해는 피할 수 있겠지만 카톡소리를 듣고 급한 연락 유무를 확인하는 편이

편하지 무음으로 두었다가 생각날 때 열어보는 것은 카톡의 신속 전달기능을 무시하는 일이 되는 것이다. 개인끼리는 긴 문장이나 동영상이 대부분이다. 단체에서도 모든 회원전체를 상대해서 긴 문장을 올리는 경우도 있지만 며칠을 두었다가 열어보면 한 문장을 완독하는데 10분 이상 걸리는 경우가 많다.

긴 문장은 중간에 읽기를 중단할 수도 있지만 읽다보면 중간에 눈 떼기가 어렵다. 일주일만 미루었다가 미확인 글들을 읽게 되면 하루해가 다 지나가는 경우도 있다. 그 글의 내용도 내용이지만 그 글을 보내온 분의 마음을 읽어야 하니 끝까지 안 읽을 수 없게 된다. 그중에는 마음을 흐뭇하게 하는 글도 있고 24시간 마음에 담아 놓고 나를 보다 차원 높은 삶의 길로 인도해 주는 금과옥조 같은 글도 있고 답답한 마음을 시원하게 긁어주는 내용도 있다. 연말연시나 크리스마스에 세계적인 교향악단의 공연, 파파로티, 도밍고, 조수미의 천상의 소리를 보내주기도 해서 신나게 보고들을 수도 있다.

글 내용에 따라서 가까운 이에게 전달하고 싶은 충동으로 보내기도 한다. 읽었나 여부를 확인하게도 된다. 때로는 인터넷 기사나 작품을 보내는 경우도 있다. 그럴 때는 시간 가는 줄 모르고 집중하는 경우가 대부분이기에 카카오 기능이 고맙다고 느낄 때도 있다.

휴대폰으로 의사를 전달하는 방법 중 문자보다는 카카오톡이

편리하다. 상대가 내가 보낸 글을 읽었는지를 확인할 수 있기 때문이다.

그런데 애석하게도 아직도 카톡이나 문자메시지를 남의 일인 양 관심을 피하는 분들이 있다. 왜 피하느냐고 물으면 귀찮다나.

요즘은 통화에 앞서 카톡이나 문자로 청첩장이나 부고 초청장 연하장 등 모든 알림을 전파를 이용해서 보내고 알린다. 단체 채팅으로도 알리고 개인적으로도 알린다. 그러나 이른 새벽이나 밤늦게 카톡은 부득이 할 때를 제외하고 삼가는 게 옳다. 막 잠들려고 하는데 카톡은 잠을 설치게 하게 되니 삼가는 것이 맞고 새벽에 카톡하면 불길한 마음으로 들어다 보게 되니 별 급한 일이 아니면 낮에 하는 것이 좋을 것이다.

카톡과 같은 문명의 이기는 사용자에게 무한대의 편리를 제공 하지만 사용을 게을리 하는 이에게는 무용지물이나 같다. 늘그막에 참여를 외면하는 이들에게 편한 세상 편하게 살아가는 지혜를 가까이 하는 노력을 간곡히 권하고 싶다.

(2021. 1)

타이핑에서

피한(避寒)으로 동남아로 골프가자고 몇 번씩 제의를 받았지만 동행하지 못했다가 2월 17일부터 3월 4일까지의 긴 기간 동안, 말레이시아 타이핑으로 가게 되었다. 일행은 모두 10명이었다. 80대가 6명이고 나머지는 70대 후반으로 모두 피한 겸 운동이 목적이었다.

인천공항에서 아침 10시 20분에 비행기를 타고 홍콩에 가서 약 2시간 기다렸다가, 말레이시아 타이핑 행 비행기를 환승하였다. 마침 창가에 앉게 되어 창문을 열어보니 그 위치가 남쪽인 데다가 비행기가 지상에서 일만 피트나 높이 떠있기 때문인지 햇빛이 너무 강렬하여 창문을 닫고 말았다. 약 4시간 후에 목적지에 가까이 와서 지상을 내려다볼 생각으로 창을 열었더니 구름이 지상을 뒤덮고 너무도 맑은 공간에 태양이 구름세계를 비추는 모습은 참으로 장관이었다. 다시 비행기가 구름을 뚫고 고도를 낮추는 순간 강렬한 석양빛이 엷어진 구름을 차고 비키는 모습 역시 장관이었다.

우리 일행은 저녁 9시경에 목적지에 도착하여 짐 풀고 샤워하고 잠자리에 들었다. 다음날 아침부터는 매일 아침 6시반경에 카트를 몰고 나가서, 인 아웃 할 것 없이 아무 홀에라도 빈 홀을 만나면 티업하게 되어 있었다. 이곳에 도착하기 전날만 해도 혹한에 움츠리던 몸이 불과 하루 사이에 땀에 흠뻑 젖고, 오히려 더위를 피하려고 하는 행동이 자연스러워졌다.

골프는 운동이라고 하지만 룰을 지키는 신사적인 게임인데 규칙도 없이, 치고 또 치기도 하고, 실수를 한 것도 아닌데 공을 잃어버렸을 경우에는 자연히 짜증이 난다. 짜증이 나면 룰 같은 것이 귀찮아져서 신사 운동을 망신시키는 경우도 생긴다. 나 역시 낯선 곳이기도 하지만 캐디 없는 골프에는 익숙해 있지 않는데다 낙엽들이 여기저기 흩어져 있어 공 찾기가 어렵고, 더구나 스콜의 영향으로 생긴 진흙 속에 박혀버리면 아무리 찾으려고 노력해도 찾을 수 없어서, 짜증나는 경우가 허다했다. 그래도 주어진 기회는 철저히 찾아 누리기 위해서, 날이 밝자마자 필드로 나가 빈자리에서 치곤했다.

개중에는 이기심이 가득한 분들도 있고, 몸만 늙었지 마음은 전혀 늙은 자세가 아닌 분도 계셨다. 수영장에 들어가 보니까 피부는 이리저리 밀리고 접히고 쭈글쭈글하고, 그 모습은 목불인견(目不忍見)이다. 과거의 영광(榮光)이 머리카락에 남아 있을 뿐, 아름다운 모습은 진작 저승으로 먼저 떠나보내지 않았나 싶을 정도였다. 성경에 백발은 인간의 훈장이라고 했다. 한때는 대학 총장, 학장, 유명한 의사 또 교수였었고 얼굴이 그런대로 잘난 인물이었을 텐데 모두가 볼품이 없는 모습이다. 그 중에 나도 끼어 있음을 부인할 수 없다. 그러나 하느님의 은혜로 지금까지 생명이 유지되고 있음을 감사해야 할 모습들이다. 내 모습이 저럴 것이라고 생각하니 한심하고 실망이 가득 엄습해 온다.

마누라가 텅 빈집에 혼자서 지낼 것을 생각하니 마음이 편치 않다. 잠자리에 들기 전에 발목펌프라도 해야 할 텐데…. 오늘부터 꽃샘추위란다. 며칠 안 남았지만 혼자 다니기는 늘 미안하다. 그러나 같이 온다면 골프도 안치면서 며칠이고 무슨 재미로 시간을 보내겠는가. 춥지 않은 곳에서 며칠씩 집중적으로 운동을 한다고 건강이 눈에 띄게 좋아진다고는 할 수 없을 것이고 꾸준한 운동만이 건강을 유지할 수 있을 것이다.

다음에도 또 장기간 막대한 비용을 들여서 마누라는 집에다 두고 나가겠다고 해서야 되겠는가. 그러나 노인으로서 그런 기회를 갖고 싶은 것은 부인할 수 없다. 우리 노인들은 오늘도 피서 피한도 하고 말년을 즐기기를 기대하면서 내일을 기다린다.

(2013. 3)

4월 하늘만 하랴

며칠 전에 학계에서 환경 분야에 큰 업적을 남긴 분과 운동을 같이하고 돌아오는 길이었다. 전화통화를 하고 있던 그분이 느닷없이 "내일 나하고 평창에 나들이 갈래?" 하고 물었다. 나는 동계올림픽이 열리는 곳이라 한 번 가보고 싶은 호기심도 있고 해서 "그러마."라고 답했다.

동행한 분들은 전 환경부장관을 비롯해서 환경관계 연구 실적이 있거나 실무에 종사했던 분들의 모임으로 환경에 대한 정책수립에 직·간접적으로 관여하는 분들이었다. 대답은 했어도 내가 함께하기는 어색하다고 생각되었으나 기왕 참석하기로 했기 때문에 시간에 맞추어 약속장소에 나갔다.

그곳에는 뜻밖에 얼마 전에 같이 운동했던 모대학교 명예교수 손 박사가 나를 반기지 않는가. 그로인해서 서먹서먹한 입장의 분위기는 다소 해소가 되었다.

평창에서는 내년 2월에 약 20일간 세계동계올림픽을 개최할 곳으로, 그 대회를 차질 없이 치르기 위하여 막바지 공사가 한창이었다. 돌이켜보건대 지금으로부터 30년 전 온 국민이 하나가 되어 88하계올림픽을 성공적으로 치러서 전 세계에 한강의 기적을 알리게 되고, 우리나라가 한층 더 비약할 수 있는 계기가 되었다. 그런데 계절과 종목만 다를 뿐인 세계체육대회를 치러야 하는데 그때와는 분위기가 너무 달라서 안타깝고 걱정이 앞선다.

또 한 번의 비약의 계기는 못 되더라도 창피는 당하지 말아야지 하는 염려가 가슴을 짓눌렀다. 산을 깎고 언덕을 다듬고 건물을 지으며 막바지 총력을 기울이는 대회 관계자들을 보면서 미안한 마음을 금할 수가 없었다. 세계인의 축제가 벌어질 시점이 얼마 남지 않았는데 막상 축제를 만들어 내야하는 국내 분위기는 너무도 썰렁하기 때문이다.

점심 식사가 예약되어 있는 강릉으로 넘어가서 자연산 산나물비빔밥을 먹고 그곳의 운동시설을 살펴보게 되었다. 설상(雪上) 경기는 평창에서 개최하나 빙상(氷上)경기는 강릉에서 열린다고 한다. 강릉 역시 마무리 공사에 사력을 다하고 있고 완성되면 한층 더 격이 높은 관광지가 되지 않을까.

강릉에는 바닷가에 '커피거리'가 있다. 서울 등지에서도 맛좋은 커피를 마시러 찾아온다는 말을 듣고 그런 내용을 전혀 모르는 내가 부끄럽기도 했다. 한때 나는 우리나라가 초근목피를 면한 지가 얼마나 되었다고 한가롭게 달러를 주고 사 온 커피를 즐기느냐고 반발하여 커피를 기피한 적도 있었는데, 서울에서 강릉까지 맛좋은 커피를 마시러 오다니 내가 어느 시대에 살고 있나 하고 나 자신을 뒤돌아보기도 했다.

강릉시청 홍보과에서 나온 분의 커피 맛에 대한 설명을 듣고 세계적으로 알려져 있다는 '보헤미안박이추'라는 커피숍에 들러 커피 한 잔을 마셔 보았다. 처음 마셔봐서 그런지 입맛을 다셔가면서 음미해 보았지만 부드럽고 저항감이 없을 뿐 별 특이한 맛을 느끼지 못했다.

그리고 강릉의 맛집 중 한 곳인 '차현희 순두부 청국장'에서 저녁 식사를 하게 되었다. 그 집은 생선을 비롯한 모든 반찬의 맛이 진미 중에 진미라. 배가 불러서 더 많이 먹지 못하는 것이 한스러웠다.

서울에서 출발할 때, 사회자가 '비가 온다는 예보에 초조했는데 날씨가 좋아서 다행'이라 했다. 그러나 요즘은 가뭄이 심한 때인지라 농민들은 비 오기를 고대했을 터인데…, 날씨가 좋아서 다행이라는 말과 현실이 너무도 상반되니 미안한 생각도 들었다. 세상사에 모두가 만족할 수 있다면 얼마나 좋을까.

做天難做四月天(하늘노릇하기 어렵다지만 4월 하늘만 하랴)
蠶要溫和 麥要寒(누에는 따뜻하기 바라고 보리는 춥기를 바라고)
出門望晴 農望雨(집 나서면 맑기를 바라지만 농부는 비를 기다리고)
採桑娘子 望陰天(뽕잎 따는 아낙은 흐리기를 바란다네.)

– 論語別裁, 남회근(南懷瑾: 1918~2012)

농민들에게는 미안하지만 하늘이 너무 맑고 깨끗해서 나는 그곳에 머무는 동안 하늘을 자꾸만 쳐다보았다. 내가 살아온 긴 세월 동안 비개인 하늘을 수없이 보았을 터인데 이렇게 높푸르고 깨끗한 하늘은 처음 보는 듯, 그 하늘에 떠 있는 순백의 구름에 현혹되어 감동에 젖어 있었다. 뜬구름과도 같은 인생이라는 말은 인간을 허무한 존재로 비유한 표현인데 저렇게 아름다운 존재라면 뜬구름인들 어떠랴!

나라가 하루 속히 안정되어 세계인의 축제가 성공리에 마무리되고, 이 공사에 혼신의 힘을 다 하고 있는 관계자들의 가슴에 아름다운 훈장이 반짝이기를 기원한다.

금년내로 서울에서 강릉까지 KTX가 개통되고, 또 판교에서 출발하는 경강선이 강릉까지 이어진다고 한다. 그때가 되면 내가 사랑하는 가족, 또는 친구들과 함께 이곳에 오고 싶다. 와서 아름다운 자연과 강릉의 명소와 그리고 세계인의 축제를 위해서 다듬어 놓은 시설들을 돌아보면서 마음껏 즐기고 싶다.

(2017. 5)

98세 백형을 바라보면서

백형은 나이가 나보다 12세 많으신 띠동갑이시다. 옛날 같으면 상상도 할 수 없는 나이이지만 100세 이상 생존해 있는 사람은 일본이 세계에서 제일 많고 우리나라도 몇 백 명은 된다고 하니 우리 형님은 최고령은 아니다.

어제는 일요일이고 비가 내리고 있었지만 큰형님을 모시고 동생과 함께 3형제가 만났다. 동생도 여든이 넘었으니 상노인이고 나는 동생보다 5살이나 많으니 상노인 중에 상노인인 셈이다. 삼계탕을 시켜놓고 조카는 닭살을 가위로 가루를 만들어서 형님 앞에 놓아드리면 손수 잡수기는 하지만 맛을 느끼는지 그냥 삼키는지 전혀 알 수가 없고, 만나서부터 헤어질 때까지 한마디의 말씀도 안 하시니 답답하고 슬프다.

지난 추석에 만났을 때만하더라도 이제는 제사를 모시는 조상들의 지방을 조카 중심으로 고치라고 주장하시고 나는 형님 정신이 말짱하신데 그럴 수 없다고 고집을 부렸지만 자기의 가실 날을 예상이라도 하셨는지 야단까지 치셨다. 어제는 그렇게 하겠노라고 말씀드리고 싶었다.

일제 강점기인 1919년에 우리 집 장남으로 태어나서 엄부(嚴父)슬하에서 네 동생들과 가족들의 식생활 해결에 전력하시면서도 주경야독(晝耕夜讀)으로 한문을 익히고 가풍을 이어가기에 분골쇄신(粉骨碎身)하셨다.

게다가 결혼하고 1년 만에 어머니까지 돌아가셨으니 혼자되신 아버님 모시기와 동생들 돌보기도 쉽지 않았을 것이다. 더구나 나와 내 동생 대학 졸업 때까지 학비 조달하시느라고 많이 힘드셨을 것이다 .

작년에 75년을 함께하신 형수님과 상배(喪配)하셨다. 그러나 아들과 딸들이 효성이 지극하니 100세를 사신들 부족함이 없으실 터인데 어제의 모습은 허망하고 안타까웠다. 장조카는 자신도 이미 70세가 되었건만 하체의 힘이 전무한 아버지를 목욕시키고 옷 갈아입히고 맛있는 음식 맛보게 하고 머리만 따뜻해도 병원으로 모시는 근래에 보기 드문 효자가 아닌가. 지나온 세월 동안 첩첩이 쌓였던 인생고에 대해서 아름다운 대가를 받고 계신다고 생각되었다.

우리 형님은 내가 학교에 재학하고 있을 때 '네가 열심히 공부해서 출세를 하면 첫째는 네가 좋고 두 번째는 너의 마누라가 좋고 세 번째는 너희 아이들이 좋고, 그 다음은 내가 좋을 것'이라고 독려하시면서 '내가 술 한 잔 먹고 취해서 길거리에 쓰러져 있으면 지나가는 사람들이 보고 저 사람은 누구(나를 가르킴)의 형님'이라고 하면서 나를 일으켜 세우도록 누구라는 사람이 되어달라고 당부하시기도 했다.

그러한 형님의 기대에 부합하지 못해서 부끄럽고 죄송한 마음으로 나 자신을 돌아보는 계기가 되기도 한다. 내 나이가 지금 형님의 나이가 되기에는 그리 머지않고, 지금도 나는 하체가 흔들리고 있는데 어찌하면 좋은가. 정신이 멀쩡하건 제정신이 아니건 생명은 붙어 있는데 고려장을 해 달랠 수도 없고 나는 어찌해야 할 것인가.

마누란들 90이 넘으면 자기 몸도 다스리기 어려울 터인데 무엇을 바랄 것인가. 세상은 많이 발전해서 AI시대로 접어들고 있기에 자율자동차를 이용하거나 보행보조기를 이용할 수 있다손 치더라도 내가 내 문제를 최선의 방향으로 끌고 갈 수는 없을 것이다.

그러나 오늘 나는 형님의 흐트러진 모습을 보면서 얼마 후에 내 모습을 보는 것 같아서 많이 실망하고 인생의 허무를 심각하게 느껴 봤다. 그러나 삶이 온전치 못하더라도 요양원이라는 데가 있고, 또 요양병원이라는 데도 있기는 하나 그곳을 선택하게 되면 삶의 연장이라고 할 수 없지 않는가. 따져보면 내가 살아 있어야 할 이유는 없다. 그렇다고 하느님이 주신 생명을 어찌하겠는가.

우리 형님! 아들의 지극정성 효성에 행복해 보이지만 본인은 행복을 느끼고 있을까. 허무하고 허무하도다. 부디 아름답게 삶을 마무리하시기를 빌어 본다.

(2016. 10)

소풍

소풍은 아이들에게만 교실에서 수업을 받지 않고 해방된 마음으로 설렘을 주는 줄 알았는데 그렇지 않음을 오늘 알았다. 오늘도 쉬고 내일도 쉬는 이 늙은이들에게도 분명 소풍가는 기분으로 약간의 설렘이 있었다.

내일부터 이틀 동안 가을비 치고는 제법 많이 온다고 예보하고 있다. 추수시기의 가을비는 기피하지만 워낙 많이 가물어서 반겨야 할 비다. 지금 우리나라는 전국적으로 몇 십 년 만의 가뭄이 와서 충청도지방에는 수원(水源)이 부족해서 수돗물 공급을 제한한다고 하고, 대한민국 저수지가 거의 물이 바닥났다고 한다.

그러나 오늘의 소풍은 비가 와서 저 아름다운 단풍이 떨어지기 전에 단풍과 마지막 이별을 고하는 행사로 뜻이 있다고 생각된다. 이런 시점에 우리 아파트 경로당에서 가을 소풍을 가

자고 한다. 이곳으로 이사를 온 지 3개월 채 안 되었는데 마누라가 먼저 서둔다. 경로회원 중 몇 분을 제외하면 대부분 초면인데 서먹서먹하지 않겠는가 하는 염려도 있지만 같이 늙어가는 처지인지라 함께 즐겨보자 하는 마음으로 나섰다.

오전 9시에 23인석 소형버스에 남녀 노인이 21명이 타고 가까운 강화도(江華島)로 출발했다. 강화도에 대한 나의 지식은 전등사, 참성대에 대한 약간의 지식과 순무, 쌀, 인삼, 깨, 왕골 생산지로 알고 있었을 뿐 별다른 지식이 없었고, 거리상으로 별로 머지않아서 노인들이 부담 없이 갈 수 있는 곳이라는 생각으로 동참하게 된 것이다. 이곳 강화도에는 전에도 수차례 찾은 일은 있었지만 대부분 음식점을 찾거나 잠깐 볼 일이 있어 들렀으나 관광으로 가본 일은 없었다.

그런데 일행 중 한 분이 강화출신이며 모 고교교장으로 정년퇴임한 분이 가이드를 자청해서 강화도의 역사 · 지리 · 문화 등을 자상하게 설명을 하는데 강화도를 너무 가볍게 생각해 왔음이 부끄럽게 생각되었고, 많은 새로운 지식을 얻게 되어 뜻 있는 하루가 되었다.

행정구역상으로는 일개 군으로 13개 읍과 면으로 인구는 약 8만의 자그마한 섬으로 갯벌이 넓을 뿐 농지는 넓지 못하다고 알고 있었는데 지금은 크게 개간해서 농지가 넓고 쌀의 질이 좋다는 평가를 받아서 우리 일행도 자식들 주느라고 몇 포대씩

사오는 분도 있었다. 한 시간 반쯤 걸려서 전쟁박물관을 참관하고 역사유적지를 몇 곳 둘러보고 소주 몇 잔에 생선회를 곁들여서 포식을 한 후에 강화도 일주를 하고 돌아왔다.

계절적으로 가을의 가장자리에서 마니산 전체를 고루고루 물들인 가을 단풍은 그 색 조화(調化)와 농도(濃度)가 절정을 이루었고 눈을 떼지 못할 정도로 아름다웠다. 수종(樹種)마다 각기 다른 색상을 뽐내는 것을 보면서 '우리 인간들도 늙으면 김 씨는 빨간색, 이 씨는 파란색, 박 씨는 파란색, 여타성은 삼원색을 혼합하여 각성마다 특이한 색깔로 변한다면 지금처럼 노인들이 굳이 염색을 하지 않아도 늙은 모습이 더 예쁘고 멋지게 보일 터인데' 하는 터무니없는 공상도 하면서 가을 정취에 젖은 멋진 하루를 즐겼다.

돌아오는 길에 예보한 대로 약간의 비가 뿌렸다. 비는 와야 하겠지만 저 아름다운 단풍이 물을 머금고 무게를 이기지 못하여 떨어져서 길바닥에 뒹굴다가 내일을 위한 거름이 될 것을 생각하니 안타깝기는 해도 다른 한편으로는 대자연(大自然)의 섭리(攝理)에 고개를 숙이게 된다.

우리 경로당에서는 매년 춘추, 1년에 두 번씩 소풍을 간다는데 다음에는 어디로 갈지 모르지만 강화도의 봄 모습도 보고 싶고 외침(外侵)의 들머리인 강화 역사를 더 깊이 알고 싶다.

(2015. 11)

나는 늙어가는 중

나는 요즘 늙어가고 있다고 느끼면서 하루하루를 보내고 있다. 지난 연말에 차 사고를 당한 후로 신체가 급속도로 쇠퇴하고 있다는 사실을 시시각각으로 느낀다. 몸동작은 느려지고 있다는 느낌은 오래전부터 시작되었지만 몸이 굳어지고, 하체가 힘이 빠져서 흔들거림은 최근에 와서 더 심하다. 잠시만 움직이지 않아도 몸이 굳어버리는 현상은 날이 갈수록 가속화 되어간다.

기억력이 쇠퇴해서 가끔 사람이름이 생각나지 않아서 머뭇거리면서 우물쭈물 넘어가기도 하고, 또 TV에 나오는 탤런트나 방송인의 이름이 기억나지 않아서 헤매다가 며칠 만에 기억해내는 일도 있다. 일상에 크게 불편하지는 않지만 그래도 답답하다.

독서속도가 거북이보다 더 느리고, 거기다가 눈이 잘 안보이니 독서는 제대로 못한다. 골프를 치면서 과거처럼 잘 안보여서 답답하지만 대강 짐작으로 공을 찾아내면서 그런대로 진행한다.

수필을 쓰려고 해도 적절한 단어가 생각나지 않아서 머뭇거리기 일쑤다. 더욱이 주제를 잡아서 쓰기 시작하면 단막으로 끝나는 것이 보통이다. 하기야 수필은 짧은 것이 좋다고 하니 나처럼 나이 든 사람에게 적당한 작업이다.

그리고 몸 움직이는 것이 귀찮다. 운동을 좀 해야겠다고 생각해도 마음뿐이지 그냥 앉아 있기가 일쑤이다. 앉기만 하면 30분 내로 졸린다. 길게 자지도 않고 10분 이내다. 아~ 이것이 늙었다는 증거인가 보다. 모든 것을 받아들여야지 하고 마음먹었다가도 너무 빨리 다가오고 있음에 당황하게 된다.

방바닥에 앉았다가 일어설 때는 땅을 짚고도 겨우 일어난다. 소파나 의자에 앉았다가 일어날 때도 무엇을 잡아야 일어난다. 거리에 나서보면 반듯하게 걷는 사람도 많지만 대부분의 노인들이 하체의 불편함이 드러나고 지팡이를 짚고 다닌다. 걸으면 건강하고 누우면 죽는다고 하지만 좀 더 오래 살려고 당장 힘든 운동을 해야 하나.

나에게는 또 하나의 고민이 있다. 이 고민은 과체중이다. 신장에 비해서 체중이 약 5kg이나 더 나가 73kg이다. 그래서 하체가 체중에 못 이겨서 후들거리는가 생각해 보기도 한다. 체중을 줄여 보려고 노력을 해도 좀처럼 줄지 않는다. 벌써 2주일째 저녁을 안 먹고 있다. 밤중에 배가 고프고 속이 쓰리기도 했다. 저녁에는 과일을 먹으라고 했다. 바나나, 오이, 사과, 당근 등을 먹고 배고픔을 피하라고 했다. 그러나 체중은 요지부동이다. 이 나이에 65kg의 몸무게로 유지한다면 많이 늙어 보일 것이다. 그래도 65kg의 체중을 유지하면서 씽씽 걸어보고 싶다.

얼마나 더 살고 싶은가는 자문자답(自問自答)하기가 싫다. 죽고 사는 것은 내 마음대로 되는 것이 아니지만 왠지 나에게 해당하지 않은 먼 나라의 이야기처럼 들린다. 그러나 심각하게 생각해 볼 필요가 있지 않은가. 젊은이는 하루가 짧고 일 년은 길다고 하고, 늙은이는 하루는 길고 일 년은 짧다고 하더니 벌써 3월도 하루만 남았고 일 년도 1/4이 지나가고 있다. 시간은 자꾸 가고 마무리해야 할 일도 많지만 실마리가 잡히지 않는다. 첫째 쓰던 물건 버리기와 정리, 우리 동네 재개발을 위해서 이사를 가게 되면 과감하게 물건은 정리하고 재산도 어느 정도 정리할 계기가 될 것이다. 재개발을 위해서 6월 말부터는 이사(移徙)가 시작될 수 있을 것이라고 하니 어디로 갈 것인가. 이사 가는 곳에서 다시 한 번 내 인생 도약의 발판을 삼아보자.

(2015. 4)

아파트 생활

나는 일제말기에 경남 의령 산골 초가집에서 태어났다. 바로 뒤에는 대나무 숲이 있어 해마다 봄이면 죽순이 솟아올랐다. 함부로 꺾지 못하게 해서 죽순 나물을 자주 먹지는 못했지만 그 특유한 맛은 오랫동안 잊히지 않는다.

대숲 바로 뒤에는 높직한 산이 솟아있고 상수리나무가 많았다. 가을이면 상수리나무에서 구릿빛 도토리가 쏟아져 새벽에 남보다 먼저 가면 횡재를 했다.

동네 앞에는 그리 넓지 않은 들판이 있었는데 이모작(二毛作)으로 겨울을 지나 초여름에 보리를 수확하고 곧바로 벼를 심어 가을에 수확한다. 마을 앞을 흐르는 시내는 생명수를 공급한다. 식수원이기도 하고 농업용수로도 필수불가결한 수원지이다. 앞산 밑으로 뻗어나간 신작로는 우리나라 전국으로 뻗어나가는 동맥이다.

허허벌판은 아니더라도 하늘과 땅이 맞닿는 지평선을 보면서 자랐다. 중학교에 진학하면서 고향을 등지기 시작해서 서울로 올라 온지도 어연 반세기를 훨씬 지나고 있다. 서울에 와서도 아파트라는 이름도 모르고 살아왔는데, 서울시장 김현옥씨가 5층짜리 아파트를 짓기 시작하여 아파트 높이가 계속 오르고 전국 곳곳에 10층 이상의 아파트가 들어서지 않는 곳이 없다. 그러나 내가 아파트생활을 한 것은 1992년에서 3년 동안이다. 그리고 다시 단독주택에서 20년 동안 살았다.

아파트는 땅도 건물도 아닌 어느 한 공간을 차지하여 허공에 뜬 사람처럼 허전한 생활의 연속이다. 그러나 아파트는 게으른 사람에게는 낙원이다. 문제가 생기면 관리실에 연락하고 비용만 부담하면 그만이다. 한 지붕 밑에 2, 30세대가 살면서도 엘리베이터로 드나들기 때문에 어쩌다가 같이 타게 되더라도 1, 2분의 접촉으로 눈인사라도 하는 사람도 있고 좁은 공간에 같이 있으면서 돌아서서 지나는 사람도 있다. 해서 이웃사촌이라는 말이 사라졌다. 가까운 이웃이 멀리 있는 친척보다 낫다는 말은 완전히 옛말이 되고 말았다.

그러나 우리가 전통적으로 오래 살아온 단독 주택에서는 마당을 쓸고 풀을 뽑고 대문을 열고 닫고 우물에서 물을 긷고 겨울에는 군불을 때고 여름에는 모기장을 드리우고 관혼상제에는 동네행사로 온 동네 사람들이 서로 소매를 걷고 웃으며 협조하며 훈훈한 정으로 살아왔는데 그런 세상은 영원히 사라지고 말 것인가. 아침에 뜬 해는 구름이 가리지 않는 한 하루 종일 내 것이고 밤이 되면 달과 별이 다 내 품에 들고 비도 눈도 내 것이 따로 있고 바람 역시 내가 살고 있는 내 집을 싸고돈다. 그러나 아파트는 해도 달도 별도 일부분이고 바람이 여기저기 부딪치며 지나가면서 참모습을 갖지 못한다.

아파트는 사람 사는 곳이 아니고 그냥 머무는 곳이며 먹고 자고 텔레비전이나 보는 스쳐가는 공간으로 느껴진다.

(2015. 5)

나이가 권세인가

나이가 70이 넘으면 사람에 따라서 다르기는 하겠지만 대개가 가정과 국가 사회에서 의무와 책임에서 벗어난다. 그래서 다급한 일이 생기지 않는 한 교통수단도 가능하면 돈 안 드는 지하철을 이용한다. 교통비도 안 들고 경로석도 있기 때문에 앉아서 편하게 갈 수 있기 때문이다. 대부분의 노인들은 경로석이 있는 쪽으로 몰리고 요즘 같이 장수시대에는 노인들이 많은데다 앉을 자리는 한정되어 있기 때문에 자리를 잡기 위하여 경쟁적으로 몰리다 보면 웃지 못 할 장면도 연출하게 된다.

어느 날 목격한 해프닝인데 어떤 늙수레한 할머니가 문이 열리자마자 저돌적으로 밀치고 들어와서 무조건 빈자리에 엉덩이를 밀어 붙였다. 그런데 그 자리에는 바로 앞에 서 있던 남자 노인이 이미 앉은 뒤였다. 그러니 그 할머니는 생면부지의 남자 무릎에 앉고 만 것이다. 그래도 그 노인은 미안하다거나 부끄러워하는 기색도 없이 또 다시 자리 찾아 빠져나가면서 뒤도 돌아보지 않았다.

내가 자주 이용하는 9호선은 4량씩만 달고 급행과 완행을 교대로 운행하고 있다. 그러니 출퇴근 시간에는 대 혼잡이라는 사실을 서울시민은 다 알고 있다. 급행은 출퇴근 시간이 아니라도 하루 종일 혼잡하다. 오는 7월에는 70량이 더 들어온다니 혼잡이 다소 완화되겠지만 김포공항에서 강남을 가로지르는 중요한 동맥을 4량씩 달고 다니겠다는 것은 애초부터 계산착오다.

완행은 낮에는 여유가 있고 빈자리가 있기 때문에 나는 간혹 바쁜 일이 있을 경우만 급행을 이용한다. 불과 두세 정류장을 갈 때는 10분도 안 걸리기 때문에 급행을 타기는 하는데 앉을 생각은 미리 포기하고 어느 쪽에 설 것인가를 고민하게 된다. 경로석 쪽으로 간다면 얼마 안가서 내리게 되는데 혹시 자리를 비켜주는 사람이 있으면 미안하고, 또 눈 감고 버티고 있는 젊은 사람을 봐도 유쾌한 일이 못되기 때문에 숫제 그쪽을 피하게 된다. 그렇다고 일반인들이 앉아 있는 쪽으로 가게 되면 자리를 비켜달라는 것 같기도 해서 어색한데 막상 내주어도 미안한 일이고, 그냥 눈을 뜨고 바라보면서 앉아 있는 사람은 내심 버릇없다고 생각하게 되고, 그 사람 역시 버티기는 해도 불편하리라. 또 눈을 지그시 감고 버티고 있는 사람을 보는 나도 유쾌하지 못하니 서로가 불편한 자리를 피하는 것이 상책이라고 생각하다 보니 이 늙은이는 설자리도 없는 곳이 9호선 급행이다.

어느 날 설자리가 없는 9호선 급행을 타면서 네 정거장만 가면 되니 10분만 참기로 하고 경로석 쪽으로 가서 섰더니 어느 예쁜 60대 아주머니가 벌떡 일어나는 바람에 앉아 오게 되어 고맙다고 정중히 인사를 하고도 좀 쑥스러웠다. 그러던 차에 맞은편에서 왁자지껄 웃음보가 터졌다. 70대 반백 남자노인이 아무 부담 없이 당당하게 앉아 오는데, 바로 앞에 서 있는 아주머니와 또 다른 할머니끼리 대화중에 그 할머니가 83세라는 말을 듣고 깜짝 놀라 벌떡 일어나는 모습을 보고 그 주위에서 있던 10여 명이 한꺼번에 웃음보를 터뜨린 것이다. 아름답고 훈훈한 분위기이기는 하지만 나이가 무슨 권세인가 싶어서 나도 같이 웃었다.

백세시대라 노인층이 많아지고 요금이 공짜인 지하철에 많이 몰리는 것을 나무랄 수는 없지만 어느 정도 서서 가면 다리 운동도 된다. 잠시도 서서 가기를 거부하면 애당초 대중교통을 이용하지 말아야 할 것이다.

오늘도 전철 문이 열리고 나이가 권세인 노인들이 들어서면서 경로석부터 두리번거린다. 그러다가 빈자리가 없으면 하는 수 없이 천장에 눈을 두고 손잡이에 매달려 흔들흔들 흔들리면서 어디론가 가고 있다. (2016. 6)

돈의 무게

사람은 누구나 횡재를 바란다. 노동의 대가나 투자소득을 참 소득으로 보지만 사람에게는 가끔 의도하지 않던 수입이 생길 수도 있고 이 경우 횡재라고 한다.

내가 어느 날 길을 걷고 있는데 중년 남자 한 분이 다가와서 "모 일간지를 1년 동안 공짜로 보시고 유료로 1년만 보시면 됩니다. 그리고 여기 막걸리 값도 드립니다." 하고 5만원을 주지 않는가. 그 순간 어안이 벙벙했다. 그 권위 있는 일간지를 구독하려는 권고인데 1년을 공짜로 보는 것도 고마운데 현금 5만원까지 주다니 그 돈은 내가 간직해온 돈의 개념과 다른 느낌이 들었다. 그 신문사가 유지관리 하는 데는 독자의 수에 비례해서 수입되는 광고수입으로 충당되겠지만 나에게는 불로소득이고 내 지갑에 들어 있는 돈은 대가 없이 들어온 돈은 없다. 그래서 나는 그 돈을 지갑에 넣지 않고 주머니에 그냥 넣어 두고 이튿날 출근을 했다.

외부에서 일을 보고 사무실로 돌아가는 중에 그 돈 첫 번째 임자가 나타났다. 전에도 가끔 본 듯하지만 그날은 반가운 마음이 들었다. 머리로부터 발끝까지 굴뚝청소를 하고 나와 물구경을 한 지 오래된 듯한 사람이 마트 옆 의자에 앉아서 소주병 채 들어 마시고 있었다. 내가 찾던 사람을 만난 것처럼 가까이 가서 만 원짜리 한 장을 불쑥 내밀면서 "새우깡이라도 사서 같이 드세요." 그 사람 눈에는 내가 미친놈으로 보였던지 돈을 받을 생각은 않고 유심히 쳐다보는 모습이 민망스러워서 탁자에 돈을 던져둔 채 그 자리를 피해 갔다.

또 만날 사람이 있는데 하고 두리번거리는데 저 멀리서 찌그러진 손수레에 빈 박스 등 파지를 가득 실고 땀을 뻘뻘 흘리면서 다가오는 사람이 있었다. 내가 찾던 바로 그 사람이다. 얼마 전까지만 해도 남편은 구두를 닦고 부인은 사무실을 돌아다니면서 구두를 모아 와서 생활했는데 그 남편이 타계하고 혼자서 생활할 길이 없어 헌 수레를 구해서 이 골목 저 골목을 다니면서 파지를 주워 모아서 그 수입으로 생활한다는 소문을 들은 일이 있는데 그 아주머니다. 얼른 다가가서 "아주머니 자장면 한 그릇 사 잡수세요." 하고 만원 한 장을 건네주었다. 그런데 그 아주머니는 돈을 받으면서 웃기만 했다. 고맙다는 인사가 미소이기는 해도 오래된 외상값 받는 사람처럼 가볍게 받아 주머니에 넣는다. 파지 하루 종일 모아서 팔아봤자 만원을 못 번다고 하던데 그날은 마음이 뿌듯하지 않았을까.

그런데 또 하나 남았다. 내가 찾는 대상을 어떻게 찾아야 하나 하면서 그날은 마감하고 그 이튿날은 1층 경비한테 부탁을 했다. 손수레에 비누, 치약, 칫솔, 때수건 등 잡다한 생활용품을 잔뜩 싣고 다니면서 내 물건 사달라고 소리도 지르지 못하는 장애인이 회사 앞을 지나다니는 것을 여러 번 목격했는데 이 돈의 다음 임자는 그 사람이라고 생각해서 나타나면 연락해 달라고 경비실에 부탁을 했다. 며칠 만에 연락이 와서 오래 기다렸다고 하고 만원권 한 장을 건넸다. 이 사람은 그냥 받을 수 없다고 비누 2개를 들고 비틀비틀 걸음으로 따라오면서 "이~것~가~져 가~세요." 하면서 소리를 지르지 않는가. '비록 장애인이라도 그냥 던져주는 돈으로 살지 않았어요.'라고 외치는 듯했다.

받는 사람의 사정에 따라서 또는 건네는 사람의 위치에 따라서 돈의 무게가 다르고 전달하는 사람에 대한 인식도 다를 것이다. 나는 불로소득으로 생긴 돈을 가장 소중하게 쓸 사람을 찾아 전달했지만 받는 사람의 해석은 어땠을까. 저 친구 미쳤나? 비록 노숙자라도 무조건 던져주는 돈은 좋아하지 않아. 또는 아이 고마워라, 자주 보던 아저씨 오늘은 좋은 일이 생겼나. 또는 불쌍하게만 보지 말고 물건이나 팔아 주지 등 받는 사람의 마음은 모두 다를 것이다. 아직도 나의 주머니에는 만 원권 두 장이 남아 있다. 지갑에 넣지 않고 주머니에 그냥 넣어 두었는데 외출을 위해서 옷을 갈아입다가 주머니에서 그 돈을 발견했다. 만원 한 장을 꺼내서 마누라한테 주면서 "이 돈은 공짜로 생긴 돈이니 돈이 가고 싶은 곳에 보내주소." 마누라가 놀라면서 "어쩐 일이야? 복 받으세요." 공짜로 생긴 돈으로 너무 큰 대가를 받은 듯해서 쑥스럽기는 해도 기분은 좋았다. 그래도 한 장은 남았다. 이건 내 몫이라고 생각하고 이발소에 가서 이발을 하고 잔돈 2천원은 팁으로 주었다. 공짜로 생긴 5만원은 모두 내 손에서 떠났다.

내 몫으로 내가 쓴 만원을 제외하고 나머지 사만원의 운명은 어찌 되었을까. 새우깡 값으로 치러졌을까 짜장면 값으로 중국집 주인 손으로 들어갔을까, 불우이웃돕기 모금함으로 들어갔을까. 내 돈 아닌 돈으로 선심을 썼는데 받는 사람의 자세가 돈을 많이 가진 사람의 만원에 대한 인식과 판이해서 세상사는 사람들의 형편에 따른 돈의 무게를 읽을 수 있었다. 공짜로 생긴 돈으로 가치 있는 경험과 보람을 얻어서 참으로 행복했다.

이제는 내 지갑에 들어있는 내 땀 묻은 돈이 얼마 안 되지만 이번 일을 참고로 삼아서 출구전략을 꾸며 더 많은 사람에게 돈의 무게를 느끼도록 연출해야지.

(2020. 7)

바보 천사

며칠 전에 지하철을 탔다. 어느 역에 도착했는데 할머니가 들어오면서 뒤에 따라오는 영감을 자기와 나 사이의 빈 좌석에 앉으라고 손짓을 하면서 권했다. 그러나 그 노인은 우리 좌석 건너편에 중년부인들 사이에 앉았다.

보아하니 그의 부인은 어느 정도의 교양도 있어보였다. 그 남자노인은 젊은 시절 사회적으로 힘깨나 쓰던 분 같았고, 나이는 90세는 넉넉히 되어 보였다.

그런데 자기 부인이 자기 옆자리에 앉으라고 하는데도 굳이 그 젊은 두 여인들 사이에 앉는 심리는 무엇일까. '노인도 젊은 여자가 옆에 앉으면 좋아 한다'더니 자기 부인보다는 젊어 보이기는 했지만 외모에서 풍기는 인품은 자기 부인과는 비교가 안 될 정도였는데, 그렇게 젊음이 좋은가.

그러다가 두 여인 중 한 분이 자리를 비우자 내 옆에 앉았던 그의 부인이 번개같이 날아가서 그 영감 옆에 앉는다.

그 시대의 남자들은 가부장제(家父長制)가 몸에 배이고, 부인을 남자의 부속물로 취급하고 여자는 그런 대우를 운명으로 받아들이던 시대이다. 말하자면 남자는 하늘이고 여자는 땅이며 남자가 어떠한 길을 선택하든지 어떤 일을 시키든지 여필종부(女必從夫)로 순종하는 것이 미덕이고, 자기의 길로 알고 살아왔던 시대이다.

쫓겨나는 일은 있어도 헤어지자고 주장할 수 없는 시대, 소박(疏薄)이라는 말은 있어도 이혼이라는 단어 자체가 없던 시대다. 거기다가 열녀(烈女)는 불경이부(不更二夫)라 하여 딸 키우는 양갓집에서는 딸 교육의 첫째 덕목(德目)으로 남편을 위하여 열녀(烈女)가 되라고 가르쳤다. 딸자식이 열녀가 되는 것을 가문의 영광으로 생각하여 남자의 속물이 되도록 가르쳤다.

거기다가 여자에게는 칠거지악(七去之惡)이라는 참으로 나쁜 악법(惡法)이 있었다. 시집 온 여자를 쫓아내는 법이다. 질투를 해도 쫓겨나고, 남편의 탓일 수도 있는 불임도 여자가 쫓겨나고, 정말로 여권(女權)은 없는 시대였다.

눈앞에 있는 저 노부부를 보면서 그 시대의 표본을 보는 듯하고, 남편은 하늘이라고 받들던 시대가 현실로 보는 듯하다. 부인이 옆에서 상냥스럽게 뭐라고 말을 걸어도 안 들리는지,

못 들은 척하는 것인지 전혀 반응이 없으니 옆에서 보기가 답답하고 민망하다.

그 순간 행상이 와서 뭘 사라고 하니까 부인이 하나 사달라고 했는지 뒷주머니에서 천원짜리 한 장을 꺼내서 시선은 정면에 둔 채로 내미는 것을 보아서는 부인한테는 용돈도 전혀 안 주는 모양이다. 그래도 밝은 얼굴로 대하는 것을 보니, 이 시대에 아직도 저런 '바보 천사'가 있나 하는 의구심이 들기도 하고 한 편으로는 존경스런 생각도 들었다.

요즘은 여자노인은 자식 키우고, 남편 뒷바라지 하느라고 평생 고생하다가 자식들 장가 시집 다 보내고 나면 영감만 남는다. 영감만 없으면 책임도 의무도 다 벗어날 수가 있다. 자식들과 남편한테 평생 종살이 하던 굴레에서 벗어나기 위하여 황혼이혼이 자꾸만 늘어난다고 한다. 이렇게 여성상위시대가 왔는데 저 노인은 무엇으로 부인을 붙들어 매어놓았기에 용돈도 안 주면서 겁도 없이 저렇게 당당할까, 괜히 조마조마하고 걱정이 된다. 하기야 나보다 열 살 정도 많아 보이니 나와 세대 차이에서 오는 그들의 일상이니 걱정은 거둬들이는 것이 현명한 노릇인 것 같다.

영국 상류 사회에서는 부인을 'my better half'라고 하고, 유태민족은 그들의 생활지침서인 탈무드에서 "나이 들어서 젊을 때 만나 지금까지 살아온 늙은 마누라는 이 세상 어떠한 보물과도 바꿀 수 없다."고 했다. 그러나 우리나라에서는 아직도 부인을 부속(附屬)물로 생각하던 가부장제가 몸에 배인 사람이 현존하고 있다는 것은 문화재로서 가치가 있다고 보아야 할 것인지 안타까운 생각이 들기도 한다.

(2014. 5)

60년 만의 해후

- 보석 같은 친구

지난 4월 어느 날 KBS '아침마당' 프로를 보다가 기억에서 사라져가는 옛 친구를 발견하여 곧장 방송국에다 그 사람의 전화번호를 물었습니다. 그러고는 지체 없이 그 번호를 찍었더니 "신신예식장 백 아무개입니다." 하고 경쾌하게 대답했습니다. 남 아무개를 아느냐고 물었더니 "니가 남 아무개가?" 단번에 알아보더군요.

1953년도에 대학에 입학할 당시, 6·25사변으로 나라는 초토화되고 온 국민이 기아선상에서 헤매던 때 캠퍼스에서 우리는 또 다른 친구와 단짝이 되어 험한 일을 마다않고 학비를 조달하면서 학업을 계속했던 친구였습니다. 그러다가 3학년 2학기가 끝나고 이 친구가 소리 없이 사라져 버렸습니다. 그 시절, 내 앞가림하기도 어려울 때인지라, 무슨 사정으로 어떻게 되었는지 안다하더라도 뾰족한 수는 없었겠지만 알아볼 생각도 않고, 그냥 그대로 기억 속에 담아둔 채로 무려 60년을 잊고 살아왔던 친구입니다. 얼굴은 화면에서 보았지만 어떻게 살아 왔고, 지금 사정은 어떠한지 한꺼번에 쏟아지는 궁금증이 잠을 설치게 했습니다. 또 한 친구한테 연락을 했습니다. 이 친구 학계에서 이름을 날리는 노학자인데 나보다 한 수 더 떴습니다. 당장 내려가자니 여름 지나고 내려가자니 서울로 불러올리자니, 우리는 죽은 자식 살아온 것처럼 흥분했습니다.

그 사람은 사업상 자리를 뜨기 어렵다고 해서 우리가 내려가기로 했습니다.

날짜를 잡고 열차표를 사는 것도 평소에는 인터넷으로 잘도 샀었는데 그냥 서울역으로 달려가서 KTX표를 4장을 예매했습니다. 80대 노인으로서는 참으로 웃긴다고 생각하면서도 재미가 있었습니다.

덩달아서 마누라도 웃깁니다. "맨손으로 가요?" "그래 맞다 맨손을 갈 수는 없지." 백화점으로 달려갔습니다. 여기저기를 헤매다가 건강에 좋다는 보조식품을 사들고 오면서 싱글벙글했습니다. 마누라가 "꼭 애들 같다."라고 말해놓고 자기도 웃으면서 며칠 전부터 이 옷 저 옷 꺼내보고. 미장원에도 들르고.

드디어 출발하는 날이 다가왔습니다. 그 점잖은 학자님은 출발 한 시간이나 빨리 서울역에 도착해 있었습니다. 남녀가 따로 자리를 잡고 여행을 떠났습니다. 우리 두 사람은 1년에 대여섯 번 만나지만 단둘이 시간을 가져보지 못했기 때문에 이야기가 그치지 않았고 3시간이 잠깐이었습니다. 목적지 마산에 도착하니 그 친구가 역에 나와 기다리고 있었습니다.

60년 만의 재회, 우리 세 부부는 완전히 어린애가 되었습니다. 할 이야기가 어찌 그리 많은지, 앉으면 그 자리에서 일어날 줄을 몰랐습니다.

부인들도 이번에 처음 봤지만 자주 만나는 동서지간처럼 어색하지 않았습니다.

그 친구는 티끌모아 태산(泰山)을 이룩한 사람이었습니다. 거리의 사진사로 출발하여, 돈이 모이자 부인의 제의로 자기 집보다 형님 집을 먼저 사주고, 조카들 다 대학까지 공부시켜주고, 자기 아이들도 외국유학까지 보냈다고 합니다. 게다가 자기가 마련한 예식장을 무려 48년 동안이나 무료로 대여해주고, 신랑 신부화장도 무료로 해주고, 주례를 14,000여 번을 섰다고 합니다. 그 지방에서는 신신예식장과 백 아무개는 선행으로 모르는 사람이 없는 선인(善人)으로 변해져 있었습니다. 참으로 대단하지요.

그러던 그가 한때는 몹쓸 놈의 결장암에 걸려서 사경(死境)을 헤맸지만 다시 소생하게 되어, 그 비결을 공개하는 방송도 수차례 출연했다고 합니다. 티끌모아 태산을 이루고 형제간의 우애도 칭송(稱頌)을 받을 만할 뿐 아니라, 경제적으로 어려운 청춘들의 결혼 문제를 해결해 주고 그 위에 더 해서 주례까지 서 준 선행으로 정부로부터 훈장까지 받은 참으로 존경할만한 알찬 인생을 살아온 보석 같은 친구였습니다.

더 이상 그에 대해서 설명을 하다가는 오히려 그의 진면목을 손상시키지 않을까 염려되어 직접 설명을 그만하고, 인터넷에서 신신예식장 백모를 검색해 보기를 권합니다. 이런 친구를 둔 것에 무한한 행복감을 느낍니다.

그날 오후 우리는 그곳에서 열려 있는 국화박람회를 관람하러 나갔습니다. 국화 한 뿌리에 1,500여 송이가 활짝 피어 있었고 기네스북에 등재되어 있는 귀한 꽃도 볼 수 있었습니다. 향기도 다양하고 색깔도, 모양도 다양한 수백 종의 국화가 전시되어 있었습니다. 우리 세 부부는 국화 향기 그윽한 국화 천지에서 직접 사진을 찍기도 하고, 젊은이에게 부탁해서 함께 찍기도 했습니다. 마누라들도 곱게 핀 국화의 향기를 맡기도 하고 쓰다듬기도 하면서 즐거워했습니다. 우리는 망구(望九)를 지난 나이지만 이틀 동안은 청년들이었습니다. 어쩌면 이렇게 들뜬 마음으로 철부지처럼 즐길 수 있을까요. 아무튼 많이 즐거웠습니다.

내년 봄에 다시 만나기로 기약하고, 마산역에서 아쉬움을 남기고 손을 흔들면서 헤어졌습니다. 다시 만날 그날까지 우리 모두 건강해야 할 텐데.

(2014. 11)

스마트폰을 분실하고

며칠 전에 후배들과 함께 필드에 나가서 즐거운 시간을 보내고 집으로 돌아오는 길에 휴대전화를 잃어버렸다. 순간 허탈하고 어찌할 바를 몰랐다. 누구나 한두 번은 나처럼 휴대전화를 잃어버리고 당황한 경험이 있을 것이다. 차안에 떨어뜨렸는지 길바닥에 떨어뜨렸는지 불안해서 견딜 수가 없었다. 휴대전화가 없으면 내 일정들을 모를 뿐만 아니라, 나의 신원이 거기에다 들어있으니 어찌하나. 심지어는 아내의 전화번호도 기억하지 못하니 암흑세계로 들어간 느낌이었다.

전철 안에서 염치불구하고 옆자리의 노인에게 부탁해서 내 전화번호를 찍었으나 응답이 없다. 길에다 떨어트렸나?

휴대전화는 이 시대의 대표적인 작품이요 꼭 휴대해야 할 필수품이다. 휴대폰, 핸드폰, 모바일(mobile)이라고 하는 이

괴물은 온 세계를 내 손 안에 쥐어주는 보물로써 나와 더불어 살아가고 있다.

사람들의 명함에는 대부분 '모바일'이라거나 'H.P'라고 표시하고, 요즘 사람들은 전화기로써의 기능보다 인터넷 기능을 더 많이 이용하고 있다. 노인들 일부는 전화를 받거나 전화를 거는 정도의 기능만 이용하지만 어린아이들이나 젊은 층에서는 정보검색 또는 게임에 더 많이 이용한다.

그러면 나는 전화통화 이외의 기능을 얼마나 활용해 왔는가. 당장 그 속에 많은 소중한 사진과 나와 가까이 하고 있는 많은 사람들의 전화번호가 들어 있다. 가족사진, 기념사진, 친구들과의 사진, 오래 보관하고 싶은 기록물, 그리고 동영상, 문자메시지, 카톡에서 받아 모은 정보들, 일상생활에서 잊어버리기 쉬운 개인비망록, 일정메모 등등….

나는 스마트폰으로 각종 뉴스 검색, 모바일뱅킹, 각종 어학사전과 백과사전 대용, 사진촬영과 보관, 만보기, 계산기, 카메라, 네이버 지도, 내비게이션, 정보검색, 환율정보, 매일미사, 게임, 그리고 play 스토어에서 필요로 하는 앱을 검색해서 설치하는 것, DMB를 켜서 뉴스도 보고, youtube를 이용해서 동영상음악 감상과 영화 감상에 활용하기도 한다. 그러나 내가 활용하고 있는 부분은 스마트폰의 기본기능의 10%도 안 될 것이다. 약 50년 전에는 꿈에도 상상해 보지 못한 살아있는 기계다. 아무리 위급한 소식을 전하려고 해도 사람의 발걸음으로 전달하거나 조금 발전해서 공중전화를 찾거나 우체국을 찾아서 전달했던 시대를 지나서, 지금은 스마트폰 문자기능을 통해서 전달사항을 한꺼번에 수십 명에서 수백 명까지 즉시 보낼 수 있게 되었으니 유선 전화사나 우체국은 할 일을 빼앗겨 버렸다.

또 스마트폰에는 성능 좋은 카메라가 달려 있기에 언제 어디서나 사진을 찍을 수 있고, 내 얼굴을 내 손으로 찍을 수 있으니 종전의 카메라보다 한수 더 한다. 또 사진을 다양하게 꾸밀 수도 있고, 동영상을 찍을 수도 있고 통화내용도 녹음할 수도 있다. 뿐만 아니라 이 모든 것을 보내고 싶은 사람에게는 전화번호만 알면 보내는데 1초도 안 걸린다.

얼마 전까지만 해도 디지털 카메라가 필름회사를 문 닫게 하더니 이제는 스마트폰의 출현으로 그 카메라 회사도 문을 닫게 되었다. 그리고 여기에 그치지 않을 모양이다. 내년 5월에는 입으로 말하면 알아듣고 정확한 반응을 하는 제품이 출시된다고 한다. "김치찌개 끓여야하니 재료를 준비하라."고 명령하면 냉장고에 없는 재료만 주문해 준다고 하니 사람의 할 일까지 빼앗아간다.

집에 와서 나는 USB에 수록해 놓은 전화번호를 찾아서 동승했던 후배에게 전화를 걸었더니 차 속에 떨어져 있더라고 해서 다행히 찾게 되어 많이 반가웠다.

새로 나오는 스마트폰에는 주인과 잠깐 떨어져도 "나는요! 나는요!" 하고 외쳐주는 기능도 포함되어진다면 나처럼 잃어버리고 당황하는 일은 없을 터인데.

(2017. 3)

젊어지려고 나는 수필을 쓴다

수필(隨筆)을 쓰는 사람들은 대개 평소에 글을 쓰고 싶었지만 생업에 매여 뜻을 이루지 못하고 있다가 그 짐에서 벗어나자 곧바로 시작한 사람도 있고, 어떤 동기부여가 있어서 입문한 사람도 있다. 나의 경우는 친구로부터 치매예방에 글 쓰는 것이 좋다는 말을 듣자마자 글을 한번 써보자는 마음으로 오창익 교수 강의를 듣게 되었는데 수강하고 있는 분들은 거의 60대 후반에서 70대 중반이었다. 류가 안 되고 격이 안 맞다고 생각되어 포기하고 싶었지만 후배들이 잘 챙겨주어서 오늘까지 이어오고 있다.

세월이 흐름에 글 읽고 쓰는 것이 나의 일상이 되었는데 내가 쓴 글을 아이들에게 읽어보라고 하면 읽는 둥 마는 둥 3분도 안 걸리고 돌려준다. 그리고는 아무 말이 없다. 문장솜씨 평가는 고사하고라도 소재에 대한 언급이라도 있기를 기대하는데 그냥 웃기만 한다. 왜일까. 그네들과의 시대성(時代性)과 가치관(價値觀)이 달라서일까.

사실 수필을 읽어보면 인생의 희로애락(喜怒哀樂)이 녹아 있는 진지한 내용이 많건만 젊은이들의 입맛에는 맞지 않는 고전 취급을 받는 것을 피할 수 있는 길은 없을까. 지금 이 시대는 AI와 IT세상으로 제4차산업혁명이 진행하고 있고, 생활권을 세계를 무대로 하는 글로벌시대에 시대문화를 흡수하지 못하고 골수 보수로 살자고 주장하는 글은 호감을 받을 수 없을 것이다.

어느 날 갑자기 '외래어를 배제하고 순수 우리말로 글을 써보자' 하고 주장해본 일이 있다. 그러나 지금 우리는 서양문명에 젖어 있고 서양문명을 배제하고는 생활이 안 되고 우리 생활에서 컴퓨터를 거부하거나 스마트폰을 떠나서는 생활할 수 없다는 것을 깨닫게 된다. 그 기기들은 모두 서구에서 발달되어 우리 생활에 전달된 것이기 때문에 거기에서 발생된 언어를 배제하고 이용할 수 없다는 사실을 깨닫고 그 마음을 접었다.

세상이 많이 변한 것이다. 인공지능이 세계를 지배하고 인공지능을 피하거나 비켜나서 살겠다는 고집은 인정받을 수 없는 시대에 살고 있다. 인간 생활에 필요한 많은 도구를 인간의 힘을 빌리지 않고 생산해 내고 있다. 인간이 복잡하게 머리에서 도출해 내던 모든 계산과 이론과 결론을 모두 인공지능이 맡을 날이 가까워 오고 있음이다.

창문을 열면 하늘이 보이고 멀리 지평선을 쫓으면서 살기란 이미 틀렸고, 남의 집 뒤를 바라보면서, 밝아지면 아침이 온 줄 알고, 어두워지면 해가 지는 줄 알면서 살아가야 하는 것이 현실이다. 그러나 우리 늙은 세대 사람들은 자연 속에서 잘 자라고 있는 각종 나무들을 인간들 멋대로 캐다가 조경이란 이름으로 만들어 놓은 길을 걸을라치면 나무가 불쌍해 보이기도 미안해지기도 하다고 생각하는 것이 우리 세대다.

이러한 나를 어떻게 시대에 맞게 정화시켜서 보다 젊게 글을 쓸 수 있게 할 수 있을까. 며칠 전에 모 통신사에서 스마트폰을 바꾸라고 권했다. 필경 나를 위해서 걸려온 전화는 아닐 것이다. 자기들의 영업을 위해서일 것이다. 그런데 듣기에도 나에게 유리하고 자기들에게는 유리한 점이 있다고는 말하지 않는다. 나는 나대로 계산해 본다. 아직 쓸 만한 내 휴대폰을 자기들은 고가로 팔 수 있기 때문이 아닐까. 그러나 나 같은 사람이 있어야 그네들이 살아 갈 것이며 나도 크게 손해 보지 않고 보다 업데이트된 제품을 접할 수 있을 것 같아서 그렇게 하라고 승낙했다. 이것도 젊게 사는 길이 아닐까.

우리 나이 또래 많은 분들이 비싼 스마트폰은 자식들이 사주어서 갖고 다니지만 골치 아프게 그 기능을 다 이용할 필요를 느끼지 않는다고 말한다. 문자메시지가 와도 보지 않고 카톡을 이용한 정보교환은 먼 나라의 이야기로 취급한다. 전화나 받고 전화나 걸 수 있으면 만족한다고 한다.

컴퓨터? 그건 애들이나 쓰는 물건이지 점잖은 어른들이 쓰는 물건이 아니라고 말하는 분들도 있다. 수필을 쓰는 작가님들은 그런 분이 안 계시겠지만 스마트폰 기능을 활용하거나 컴퓨터로 인터넷을 검색하고 자판을 독수리 타법으로라도 두들기면서 내 생각을 정리해 보는 것이 절대로 골치 아픈 일이 아니다.

젊어져야 한다. 나이를 먹어서 몸은 늙더라도 마음만은 지금 세상이 어디로 가고 있는가. 열심히 살피면서 살아야 한다. 봄이 왔다고 봄에만 젖지 말고 여름을 생각하고 여름에 익어가는 과일을 생각하면서 살아야 한다.

젊어지려고 나는 수필을 쓴다.

(2016. 5)

3.

배려하는 마음

고기는 구슬을 토하고

어토이주 산탐일구(魚吐二珠 山呑一臼), 즉 '고기가 두 구슬을 토하고 산이 하나의 절구를 삼키다'라는 뜻의 이 고사는 선친(先親)께서 우리 5형제에게 주신 유훈(遺訓)의 일화(逸話)다.

요즘 가끔 선대에서 물려받은 재산 때문에 형제간에 법정 다툼을 하거나, 심지어는 살처(殺傷)까지 하는 일이 있다고 지상에 보도 되는 것을 볼 때가 있다. 먹고 살기가 어렵다면 피를 나눈 형제간에 싸우지 말고, 나누어 먹어야 마땅한데도 매정하게 구는 자는 비난 받아야 마땅하지만, 좀 더 갖겠다고 인간의 탈을 쓰고 비굴하게 형제간에 다투는 것을 보면 씁쓸한 마음을 털어 버릴 수 없다. 선친께서 형제간에 재물로 다투어서는 복을 받지 못한다는 교훈이 담긴 일화를 주셨는데 여기에 소개한다.

어느 의좋은 형제가 개천을 사이에 두고 살았다. 어느 날 동생이 형님 댁을 방문하기 위해서 개천의 돌다리를 건너가고 있었다. 그때 갑자기 커다란 물고기가 한 마리 튀어 나와 퍼덕거리는 것을 보고 잘 되었다고 생각하고, 그 고기를 안고 형님 댁으로 갔다. 형님 가족과 함께 요리를 해먹고, 놀다가 집으로 돌아가려고 나왔다. 그때 형수가 종이에 싼 것을 주기에 뭐냐고 물었다. 그랬더니 형수가 하는 말이 "그 고기를 요리를 하는데 배 속에서 커다란 보물이 나왔습니다. 고기는 우리가 먹었습니다마는 이 보물은 아주버님 몫이 분명하니 가져가시라." 고 내밀었다. 동생은 "내가 형님 댁에 가는 줄을 신령님이 아시고 심부름을 시킨 것이지 어찌 내 몫이겠습니까." 하고 단호히 거절했다. 돌아오면서 그 돌다리를 다시 건너는데, 또 다시 큰 물고기가 나왔다. 집으로 가져가서 배를 따보니 형님 댁에서 나온 것과 똑같은 보석이 나왔다. 그래서 그 형제는 하나씩 갖고 둘 다 부자로 잘 살았다는 이야기다.

또 어느 산골짜기에 형제가 살았는데 형은 가난해서 결혼도 못한 채 병든 아버지를 모시고 살았다. 농토가 없어서 농사도 짓지 못하고 땔나무를 해서 시장에 갖다 팔아 하루하루 아버지를 봉양했었다.

어느 날 괜찮게 사는 한 친구가 "오늘은 우리 아버지 회갑잔치 날이니 참석해 달라."라고 초청했다. "자네가 알다시피 나는 매일 벌어서 아버지를 봉양하는 사람인데 내가 하루를 쉬게 되면 우리 아버지께서 굶게 되지 않겠나" 하고 거절했다. 그러자 그 친구가 "자네 아버지는 내가 따로 챙겨줄 터이니 걱정 말게." 하였다. 그 말을 듣고 아버지께는 잔치음식 잡수시게 하는 편이 더 좋겠다 생각하고 참석을 했다.

막상 잘 차린 잔칫상을 대하고 보니 아버지께서 굶고 계실 것을 생각하여 먹을 수가 없어서 눈물을 흘리고 앉아만 있었다. 그때 주인이 와서 "왜 자네는 먹지 않고 눈물만 흘리고 있는가?" 하면서 "내가 자네 마음을 아네, 자네 아버지를 위해서 맛있는 음식을 포장을 해두라고 할 터이니 걱정 말고 드시게." 하고 권하니 기쁜 마음으로 포식을 하였다.

그런데 손님들이 거의 다 가고 파장이 되었는데도 아무 소식이 없다가, 주인이 나타나서 "어찌 자네는 일어설 생각을 안 하고 앉아 있는가?" "자네가 음식을 좀 준다고 해서 기다리고 있네." 하고 말하자 "아, 그랬지." 하고는 안채로 갔다가 나오면서 "음식이 남지를 않았다네, 이 일을 어찌하나?" 하고 난감해 했다.

그 말을 듣고는 하늘이 무너지는 듯했지만, 친구를 원망한들 무슨 소용이 있겠는가. 허둥지둥 어둠을 뚫고 산길을 달려갔다. 정신없이 달려가다가 어둠에 묻힌 길가에 흰 물체를 보는 순간, '아, 이 일을 어찌하나!' 아들을 기다리던 아버지가 마중을 나오다가 허기에 지쳐서 쓰러져 있는 것이 아닌가? 가슴을 치며 통곡을 하다가 문득 보니 바로 그 옆에 김이 모락모락 나는 돌절구가 있었다. 얼른 뚜껑을 열어 보니 하얀 쌀밥이었다. 그 밥을 아버지 입에 넣어드리니 정신을 차리셨다. 아버지를 업고 또 그 절구를 가지고 집으로 돌아왔다. 이후로는 끼니마다 그 절구에 하얀 밥이 생겨나서 아버지를 봉양하는 데는 지장이 없었으나, 맛있는 반찬을 해드리기 위해서 부지런히 일하여 지성(至誠)껏 모셨다.

그런데 그에게는 제법 잘 사는 동생이 하나 있었다. 그 동생이 가끔 집에 와서는 그 절구를 보고 탐을 내는 눈치가 보였지만 별 일 없이 지냈다. 그럭저럭 세월이 가서 아버지가 연세가 많아지고 천수를 다 하고 돌아가셨다. 장례(葬禮)를 치르고 나서 동생이 "형님! 형님은 그 절구로 부자 못지않게 잘살았으니, 이제 저도 그것을 가지고 가서 잘 살아야 공평하지 않습니까?" 하면서 막무가내로 가지고 가려고 했다.

"아직 삼년상도 끝나지 않았고, 앞으로 부모님 제사도 모셔야하네, 또 자네는 잘살고 있지 않은가, 꼭 갖고 싶으면 삼년 후에 가져가면 안 되겠나?"

"그러면 이렇게 합시다. 뒷산에 올라가서 굴려 봅시다. 그 절구가 형님 집 쪽으로 굴러가면 형님이 갖고, 저의 집 쪽으로 굴러가면 제가 갖도록 합시다."

동생은 형님을 억지로 산으로 데리고 올라가서 그 절구를 자기 집 쪽으로 굴렀다. 어찌된 일인가. 굴러가던 절구가 사라져 버렸다. 신령님이 효성이 지극한 형을 보고 보물을 주었으나, 형제간에 재물을 두고 서로 갖겠다고 다투는 것을 보고, 아무도 못 갖게 회수해 버렸다는 일화이다.

점점 삭막해지는 현대를 살아가며 다시 한 번 나를 뒤돌아보는 거울인 듯하여 많은 생각에 마음이 숙연해지고, 같은 부모의 혈육을 받아 세상에 태어나서 재물을 가지고 반목하거나 다투는 일은 절대로 있어서는 안 되며, 죽는 날까지 화목하게 살아야 복을 준다는 하늘의 이치를 가르쳐 주는 훌륭한 교훈이라고 생각한다. '어토이주 산탐일구(魚吐二珠 山呑一臼)' 돌아가신 선친께서 주신 이 유훈에 머리 숙여 감사드린다.

(2013. 6)

운명

1948년도 중학교 3학년 영어 교과서에 수록된 한 제목에 「운명」이라는 글이 있었다. 내용인즉 시골 소년이 청운의 꿈을 안고 도시로 가던 중에 피곤해 나무그늘 아래서 좀 쉬었다가 간다는 것이 너무 깊이 잠들어 소중한 행운이 세 번이나 지나갔다는 이야기다.

오래된 이야기라서 기억이 희미하지만 행운 중에 하나는 그 나라의 공주가 많은 시녀를 거느리고 마차를 타고 지나가다가 그늘에서 쉬어가려고 나무 밑으로 갔다. 그런데 그곳에는 한 소년이 보따리를 옆에 두고 잠에 빠져 있었다. 그때 벌 한 마리가 그 소년의 얼굴을 맴돌면서 위협하고 있었다. 공주는 벌을 쫓기 위해서 한참 동안 치마를 펄럭이며 춤을 추듯 이리저리 뛰어다녔다. 그 순간 공주는 소년에게 사랑의 여신으로 변해 있었지만 소년이 잠에서 깨어나지 않아서, 행운의 운명을 잡지 못하고 그냥 흘러 가버리고 말았다는 이야기다.

그런데 나는 아니었다. 그런 운명적인 행운을 놓치지 않았다. 선친께서 선비로서 일생을 마치신 분이라, 일제하에서 일본 문화를 거부하시어 나에게 초등학교 입학을 시키지 않으셨다. 6남매 중 5남인 나를 서당(書堂)으로 보내서 한학(漢學)을 공부시킬 작정으로 천자문을 가르치셨다.

이때 나에게 내 인생의 새로운 운명적인 길이 열렸다. 백형께서 일본에서 돌아와서 나를 초등학교에 입학을 시킨 것이다. 이리하여 나에게 현대문명으로 들어가는 운명의 길이 열린 것이다. 10살에 입학을 했으니 늦깎이 학생이었다. 그 당시에 나보다 5살 더 많은 학생도 있었지만 나는 늘 급장(반장) 노릇을 했다. 초등학교를 졸업을 하고 상급학교 갈 엄두도 못 내고 있었는데 담임선생께서 집으로 방문하셔서, 그 고장에 생긴 지 2년 된 중학교에 시험을 한 번 쳐보라는 권유를 주셨다.

여기에서 또 한 번의 예정되어 있지 않던 운명의 길로 들어서게 된 것이다. 시험을 쳤다. 무슨 운명의 장난인가. 내가 장원을 했단다. 입학성적이 1등이라고 재학생 대표가 집으로 찾아와서 축하 해주었고, 또 교감선생님도 방문하시어 축하하여 주셨으니 선친께서도 많이 기뻐하셨다.

문제는 입학금 조달이었다. 얼마나 고민하셨을까. 선친께서 우리 고장의 한글학자 이극로 박사에 대한 일화를 들려주시고, "뜻을 세우면 반드시 길이 있고 성공할 수 있다."고 격려하셨다. 일화인즉 "이 박사가 더운 여름 날 삿갓을 쓰고 김을 매다가 호미를 삿갓 밑에 두고 읍으로 들어가서 걸식을 하면서 당시에 우리 고장에 단 하나밖에 없는 초등학교의 창문 밖에서 수업을 구걸하듯 받곤 했다. 그 사실을 우리 고장에서 제일 부자가 알게 되어 독일 유학까지 보내서 큰 사람이 되었다."는 말씀을 들려주시면서 뜻이 있으면 길이 있다고 격려해 주셨다.

나는 그 이튿날 20㎞가 넘는 길을 새벽 같이 나서서 중학교 교장선생님 앞에서 눈물을 흘리면서 가정사 이야기를 했다. 그랬더니 교장선생님께서 선생님들이 조금씩 부담하시기를 동의하셔서 입학금이 해결되었다고 말씀하셨다. 그때의 감격, 너무도 진하게 다가왔다.

이렇게 하여 다시 또 한 번 새로운 운명의 길로 들어서게 된 것이다. 중학교 재학 내내 자취를 하면서 우수한 성적을 유지하였다. 토요일이면 50리가 넘는 고향집으로 가서 따뜻한 가족의 품에 안기고 싶은 희망과 돌아올 때 식량과 반찬을 가져오기 위해서 수업이 끝나면 높고 기나긴 재를 두 개씩이나 넘어가면서 달려가곤 했다. 3년을 마치면서도 상급학교에 진학하겠다는 야망은 없었다. 그저 집으로 돌아가서 한문 공부나 열심히 해서 집안 어른들처럼 존경받는 사람이 되고 싶었다.

그러나 운명의 길은 따로 있었다. 당시(1950년)에 정부에서 일본이 각 현에 고등학교를 세 개씩 세워서 우수한 인재를 양성하고 있는 제도를 모방해서 각 도(道)에 고등학교를 세 개씩 세우게 되었던 것이다. 경남에는 부산, 마산, 진주에 각각 하나씩 세우게 되었는데 담임선생님께서 "우리 학교는 오지에 있는 시골 학교이니 학교 명예를 위해서라도 시험을 쳐서 합격해야 한다."고 의무적으로 응시하도록 주선을 해주셨다.

다행히 합격하여 내 인생에 또 한 번 새로운 이정표가 생겼다. 마산고등학교에 당당히 합격하였던 것이다. 나는 중학교 때와 마찬가지로 자취를 했는데 고향집과 마산 사이에 정기 노선버스는 있기는 하였으나, 가정사정상 백 리(약40㎞) 길을 걸어 다녔다. 짐을 지고 다녔기 때문에 발바닥에서 피가 났던 일도 있었다.

초년고생은 금을 주고도 산다는 속담은 있지만 그때는 많이 고통스러웠다. 그러면서 주경야독(晝耕夜讀)이 아닌 주독야경(晝讀夜耕)을 하면서 고등학교를 마치고, 대학 역시 타의에 의해서 진학하게 되었다. 밤에는 미군부대에서 아르바이트도 하고, 새벽에는 학교 강의실 청소도 해서 학자금과 생활비를 조달하면서 졸업을 했다.

사회 진출 역시 의도(意圖)보다는 필연으로 삶의 길을 밟아온 것이 아닌가 생각된다. 결혼도 자녀 출생도 모두가 내가 의도

한 대로가 아니고, 이미 정해진 길을 따라 이루어진 듯하다. 살아오는 동안 하고 싶은 일이 여의치 않아 크게 실망하거나 후회한 일도 한두 번이 아니었지만 잘 참고 견디어 오면서 자신에게 충실하고 정직하게 살아왔다고 자부한다.

지금은 나에게는 아팠던 기억은 말끔히 사라지고, 그저 감사하고 감사할 뿐 열심히 살아왔고 큰 상을 받은 듯 고맙고 행복하다.

우리 인생길은 스스로 선택했건 필연적으로 닥쳐왔건 그 길을 나의 몫으로 알고 그 몫을 사랑하고 최선을 다하는 길이 곧 자기 운명을 만들어 가는 길이라고 믿는다.

(2013. 10)

이 나이에 이사를

시골에서 태어나서 이 동네로 정착한 지 60년이 되었다. 근방으로 여러 번 이사를 했지만 이 동네를 벗어난 일은 딱 한 번 있다. 그런데 이 동네도 재개발 바람이 불어와서 내년이면 이사를 해야 한다고 한다. 물론 건물이 들어설 때까지 3년가량 이 동네를 떠나야 하는데 어디를 갔다가 돌아오나. 멀리 나가야 할 경우도 있을 수 있다.

그런데 될 수 있으면 이 동네 가까이에서 3년을 지내는 것이 좋을 것이다. 마누라가 지금까지 사귀어온 가까운 친구들과 계속 만나는 것은 건강에 많은 도움이 되기 때문이다.

3년 뒤 다시 입주하게 되면 마누라를 부엌살림에서 벗어나게 해야 할 텐데. 도우미를 구하든지 실버타운으로 들어가든지 특단의 방법을 모색해야 할 것 같다. 실버타운으로 들어가게 되면 이 동네로 다시 들어오지 못 하게 되는 슬픔이 있다. 그런 생각은 덮어 두고 싶다.

재입주하는 그때는 내 나이 역시 88세 미수(米壽)이다. 편하게 살려면 이번 기회에 실버로 들어가야 한다. 실버의 맹점은 모두 임종에 가까운 사람들만 모여 있기 때문에 죽음을 기다리는 사람으로 변한다고 한다. 실버로 들어가는 것이 과연 옳은 길인가 판단이 안 선다.

참으로 진퇴양난(進退兩難)이다. 이 세상에 남겨둔 나의 분신들을 죽는 날까지 더 오래 보고 가까이하고 싶다. 당장 내일부터라도 어디로 갈 것인가를 찾아 봐야지. 이번 이사는 단순한 거처를 옮기는 일이 아니다. 삶의 마무리를 생각하면서 결정해야 할 일이다. 여기저기 지저분하게 늘어져 있는 저 많은 짐들을 과연 어떻게 해야 할지도 고민해야 할 것 아닌가. 마무리를 한다는 마음으로 결정을 해야 할 터인데 흔쾌히 떠오르는 아이디어가 없다. 오늘은 오늘로 끝나고 내일은 또 다시 태양이 떠오르겠지.

(2015. 3)

일본 여행

지난 9월 28일부터 오래전에 같은 대학에서 근무하던 분들과 함께 약 1주일 동안 일본의 남쪽 미야자키 공항을 통해서 니치난CC로 골프투어를 가게 되었다. 인천공항에서 불과 한 시간 반밖에 걸리지 않는 제주도 정도의 거리다. 일행은 모두 8명인데 그중에 리더격인 친구가 공항에 나타나서 여권을 찾지 못해서 못 간다고 하여 7명이 출발하게 되었다. 여행의 주목적이 골프경기인데 짝이 맞아야하고, 방배정도 짝이 맞아야 하는데 난처했다. 그러나 하는 수 없이 7명이 출발을 했다.

오후 6시경에 일본 최남쪽 미야자키공항에 내려서 자동차로 50분가량 이동하는데 어둠이 드리워져서 주위가 잘 보이지 않았다. 가는 길가에 가로등이 하나도 보이지 않고 길이 왕복 2차선으로 좁고 꼬불꼬불하여 자동차 속도가 시속 20㎞ 정도를 넘지 못한다. 어디로 가고 있는지 낯선 곳이라 불안하기도 했다. 그러나 얼마 후에 목적지에 도착해보니 완전히 딴판이었다. 리조트라고 하지만 어느 고급관광호텔에 못지않았다. 방 배정을 받아서 들어가 보니 깨끗할 뿐만 아니라 숙박자에게 전혀 불편이 없게 모든 일용품에서부터 일본식 실내복까지 준비되어 있었다.

1층에 온천이 있어 아침부터 기분 좋게 온천욕을 하고, 식당은 뷔페식으로 약 30가지를 준비해 놓았는데 깨끗하게 장만한 모든 음식이 먹음직스러웠다. 그 정도의 식사라면 우리나라 고급 뷔페식당 급에 해당되지 않나 싶다.

아침 식사를 마치고 라운딩을 하려고 나갔더니 캐디 없이 네 사람이 플레이하게 되어 있었는데, 얼음 박스, 우산, 채 씻을 물, 수건 등 모두가 갖추어져 있고, 해저드 옆에는 물에 빠진 공을 건질 수 있도록 공 낚시까지 비치해놓고 있었다. 참으로 미워하려고 해도 미워할 수도 없는 인간들이다. 그리고 모든 서비스의 태도는 흠잡을 수 없이 친절 만점이었다. 아무리 몸에 배인 태도라 하더라도 억지로 하게 되면 표정에 나타나는 법인데 전혀 부자연스런 점이 안 보이는 것은 그들이 만들어온 문화가 아닌가 싶다.

우리는 어떤가. 눈에 안 보이면 무슨 짓이라도 하고, 쓰레기를 슬쩍 뒤로 던지고 지나가는 사람을 흔히 목격하게 된다. 일본 관광객이 보면 어떻게 생각할까. 상상만 해도 소름이 끼친다. 그 지방은 아주 시골에 속한다. 거리에 나가보면 버려진 쓰레기를 찾아 볼 수 없을 뿐만 아니라, 나무 한 그루마저도 그 누구의 마음에 들도록 가꾸어 놓았다. 돌아올 때는 낮이었기 때문에 주위를 살펴 볼 수 있었는데 특히 부러운 것은 삼나무(스기)가 대나무처럼 곧고 높이 빈틈없이 자라서 온 산을 뒤덮고 있는 광경이었다. 정말로 탐나고 보석같이 소중해 보였다. 들은 바 수령이 몇 천 년 된 나무도 있고, 그런 나무의 토막을 물에 넣으면 가라앉을 정도로 단단하다고 한다.

1960년대에는 산업면에서 일본을 따라잡으려면 50년은 걸릴 것이라고 했었는데, 전자 IT부문은 우리가 앞섰고 조선과 철강, 그리고 자동차 산업은 대등할 정도로 우리도 비약적인 발전을 했다.

일본 사람이 볼 때 '전쟁에 온 국토가 잿더미가 되고 세계 최빈곤의 나라가 감히 우리를 따라와? 30여 년 간 우리의 종살이를 하던 인간들이…' 할지도 모른다.

그러나 지금은 우리가 그들의 나라에 가서 돈을 펑펑 쓰고, 당당한 태도로 그들의 서비스를 받고 있다. 그들은 속으로 많이 얄미울 것이다. 국민소득이 우리의 배가 된다고 하지만 우리도 이제는 남을 돕고 있는 처지이며, 너희들의 서비스를 받고 있는 처지에 기죽을 이유는 없지 않은가. 그러나 그게 아니었다.

지금 우리의 모습은 어떠한가. 국민의 의식수준이 그들을 따라가려면 50년이 걸릴지도 모른다. 언어폭력, 사회 각종집단폭력, 학교폭력 정치폭력, 사상폭력, 사회윤리도덕과 정의가 실종된 나라, 인간적 차원에서 너무나 부끄러운 점이 많다.

(2014. 12)

코로나19 예방백신을 맞고

작년 초부터 1년 반 동안 매일 뉴스특집에 코로나19 기사가 빠진 날이 없고 온 세계를 뒤덮어서 모든 사람이 공포에서 벗어나지 못하고 있다. 몇 명이 감염되었는지 몇 명이 격리되고 풀려났는지 몇 명이 목숨을 잃었는지 등 기쁜 소식은 아무것도 없었다. 금년 초에는 1,000명을 넘겼다가 500명 선을 넘나들면서 또 다시 700명 선을 넘고 있다.

그러던 중 세계적으로 많이 알려진 몇 제약회사에서 백신주사약이 개발되었다는 소식을 들었을 때 인간이 두 손 놓고 있을 리가 없고 당연지사로 믿으면서 첨단 기술인 반도체 세계 1위를 자랑하는 우리나라가 손 놓고 있을 리가 만무하고 세계의 눈이 우리에게 쏠릴 날이 머지않을 것이라고 은근한 기대를 가져보기도 했다.

그러나 그렇게 쉬운 문제는 아니라는 사실을 알게 되고 백신 확보가 늦어져서 확보율과 접종률이 세계에서 꼴찌에 가깝다고 했을 때 내 개인의 희망보다 국제적 체면에 큰 상처를 받게 되었다. 코로나는 지구상에 공존하고 있는 모든 인류의 공동의 적이다. 이 무서운 코로나19를 극복할 수 있는 예방백신을 세계 어느 나라에서 개발되었건 인류 공동의 적을 상대하는 현실에서 내 나라 내 국민의 이익을 위하여 독점으로 가는 것은 인륜(人倫)에 반하는 행위가 아닐까. 세계보건기구는 무엇하는 기구인가. 세계 모든 민족 국가가 건강과 행복을 공유하고 다 같이 행복을 추구하도록 도움을 주는 역할을 하는 기구가 세계보건기구의 존재 이유가 아닌가.

지금 이 순간에도 거침없이 무섭게 전파되는 이 무서운 질병은 인류공동의 적이 아닌가. 이 무서운 질병을 막을 예방약을 개발하는 나라에서는 개발자에게 로얄티를 지불하더라도 그 노하우를 희망하는 어떠한 나라에도 제공하고 공유하는 것이 인간의 도리가 아닌가 싶다. 하루 속히 코로나지옥에서 인류를 구하는 역할을 해야 하는 기구가 세계보건기구의 역할이 아닌가. 미국은 스스로 세계질서를 지키고 인권을 존중하는 세계경찰 역할을 한다고 자처하고 있다. 이런 미국의 제약회사가 먼저 개발했으니 현 미국 대통령 바이든에게 하느님께서 지구상의 모든 인간들을 골고루 생명의 위기에서 구제할 수 있는 기회를 주셨는데 현명한 역할을 못하고 있다. 생산 가능한 모든 나라에 노하우와 자료를 제공하고 그래도 혜택을 받지 못하는 나라에게는 음으로 양으로 힘을 보태줘서 이 악마로부터 하루 빨리 탈출하도록 도와주어야 참 인권을 존중하는 미국을 높이 쳐다볼 것 아닌가.

그러나 독점의 기회를 선으로 활용하지 못하고 특권이라도 부여 받은 듯 너무도 당당한 모습은 참으로 가증스럽고 추해 보인다. 가난하고 약한 나라에 선심 쓰듯 잘난 체하는 것은 마음으로 존경을 받지 못한다. 인류를 죄악에서 구하기 위해서 스스로 십자가를 진 예수 다음 가는 커다란 역할을 할 기회를 놓친 바이든에게 안타까움과 유감을 금할 수가 없다.

며칠 전에 백신을 맞으라고 통보가 왔다. 우리 아이들은 환호했지만 나는 순서가 바뀐 것 아닌가 하는 거부감 비슷한 느낌을 받았다. 코로나 바이러스에 취약계층을 우선적으로 예방하겠다는 취지에 이의를 제기하는 것이 아니고 더불어 사는 세상에 5인 이상 만나지 말라 사회적 거리두기를 강요하는 현실에서 75세 이상을 우선하는 것은 생산적이지 못하는 생각이 밀려온다. 의사, 간호사, 봉사자, 학교선생들, 공무원, 학생들, 각 기업체의 종사자들에게 우선적으로 접종시켜서 하루 속히 국가와 사회를 정상화 시키는 것이 국가 사회의 발전과 후손을 위한 길이 아닌가.

노인들은 당분간 집콕하고 내 아들딸 내 손자손녀들이 활발하게 움직이고 있는 모습을 보면 행복스러울 것이다. 그러나 소시민이 어찌하랴, 하라는 대로 해야지. 밖으로 나갈 때 마스크를 쓰고 사회적 거리두기 준수하고 들어와서는 손을 씻는 것은 단순히 혼자만을 위해서 하는 행위인가. 확진을 받으면 그 날부터 그 집안은 불안에 싸여 웃을 날이 없게 되지 않는가. 면역력이 약한 취약계층이 먼저 예방차원에서 맞는 것이 틀렸다는 것이 아니고 국가 사회 모든 기능이 너무 오래 막혀서 침체되면 인류가 멸망하지 않을까 걱정되기 때문이다.

보다 멀리보고 순서를 정해야 되지 않을까 싶다. 당국의 명령대로 어제 맞고 24시간 지난 오늘 이 시간에 주사 맞은 팔이 좀 무겁고 아프기는 해도 생활에 지장은 없다. 그 무서운 함정에서 해방된다는 안도감과 감사하는 마음이 없지는 않지만 새치기라도 한 듯 부담스런 마음이다.

(2021. 4)

파도처럼

며칠째 강추위가 계속되었다. 모처럼 아내와 큰아이를 대동하고 충무로에 위치한 '문학의 집'으로 향했다. 그곳에서는 창작수필에서 문단에 등단한 사람들을 축하하고 겸해서 창작수필 송년회를 여는 곳이다.

나는 전혀 의도하지 않았던 그 이름도 생소한 수필부문에 등단이란 과분한 옷을 입게 되어 오늘 행사의 주인공이 되었다. 좀 쑥스럽기는 하지만 그래도 영광스런 일이 아닌가.

글쓰기 시작은 약 2년 전에 나의 지난날들과 생각을 정리하여 사후에 우리 아이들에게 남기려는 생각으로 글 쓰는 기술을 배우려고 수필 강의를 듣기로 했다. 그런데 수필은 붓 가는 대로 쓰기는 하되 독자에게 감동을 주거나 의미를 부여하는 문학적인 표현을 강조하는 강의였다. 나의 생각과는 거리가 있었지만 그냥 들어 보기로 했다. 그러다가 신변잡기(身邊雜記)라도 쓸 수 있지 않을까 생각하고 빠지지 않고 출석했다.

강의실에 온 사람들은 나보다 훨씬 젊고 글을 써본 경험이 있거나, 생업인 직장에서 정년(停年)으로 풀려나 해방(解放)이 되자, 숨겨 두었던 자기소질의 길을 찾아온 분들이었다. 단순한 글쓰기를 희망하는 나와는 목표가 다른 분들이다. 그러다가 수강한 지 몇 달이 지나지 않았는데 뜻밖에 내가 써낸 글이 수필 등단의 대상이 되었다는 소식을 듣고 나는 많이 당황했다. 그러면서도 자신감은 부족하지만 노력하여 독자들에게 행복의 길로 안내하는 글을 써보고 싶은 욕심이 생겼다. 어느 수필가의 "학벌이나 경력보다 마음과 열성이 더 중요하다."는 말을 듣고 막연하나마 용기가 생겼고, 열과 성을 다해서 내 삶이 끝나는 그날까지 몰입하자는 새로운 목표가 생겼다.

나는 점점 그 분위기를 즐기게 되고 글 쓰는 것이 취미활동이 아닌 일상의 일이 되고, 글을 읽는 것이 과제가 되었다. 책을 읽는 자세도 문장에 대한 평가와 의미를 분석하는 등 문인 행세를 하면서 교만해지고 있다.

그날 행사에 나에게 수상자를 대표해서 답사(答辭)를 하라고 지명이 되어 유쾌하게 이야기를 펼쳐 나갔다. 문인 일반의 모습과는 달랐을지도 모른다. 그러나 나는 우리 수필이 보다 역동적이고 큰 걸음을 걷는 대인의 모습으로 변했으면 좋겠다고 생각하고 있다. 그리하여 문학세계에 새 바람을 일으켜서 독자가 눈물을 흘리거나 큰소리로 웃도록 역동적(力動的) 문장으로 엮어 나갔으면 하는 바람이다. 목석(木石)에게는 재미있는 대화체(對話體)로, 노인과도 청춘(靑春)이 깃든 대화로 풀어가는 글이 되었으면 하는 바람이다.

나는 나이가 많다고 해서 마음까지 다 늙었다고 생각하지는 않는다. 점잖아야 한다는 강박감을 버리면 보다 젊어질 수가 있을 것이다. 누구나 강풍을 좋아하지는 않겠지만 바닷가에서 일렁이면서 밀려오는 파도가 바위에 부딪칠 때 묵은 체증이 내려가 듯한 시원함을 느낄 것이다. 나는 일본 후쿠시마의 쓰나미를 화면으로 보면서 엄청난 자연의 위력에 숨이 멈출 듯한 위협을 느꼈다.

그러나 한편으로는 누구나 대자연의 위대한 위력에 통쾌감도 느꼈으리라. 민태원의 「청춘예찬」의 '끓는 피와 뜨거운 이상의 꽃'은 누구의 가슴에도 다 숨어 있을 것이다. 끌어내어 보다 젊어져서 문장에서라만이라도 생기(生氣) 있고, 발랄(潑剌)한 표현(表現)으로 문장을 엮어 나가기를 희망한다. 남녀노소(男女老少)를 막론하고 그런 글을 읽으면 생기가 살아나고, 삶에 대한 용기가 솟아나지 않을까.

미국의 유태계 수필가 사무엘 울만은 '청춘이란 인생의 어느 기간이 아니라 마음의 상태'라고 했다. 비록 나이는 먹었을지라도 나의 자화상을 그릴 때 마음을 젊게 갖고 생동감 있게 그릴 수 있다고 믿는다. 그리하여 모든 독자들에게 노년에게도 청춘은 있다는 사실을 보여주는 글을 쓰는 것이 바람직하다고 생각한다. 나는 잠자는 사자보다 컹컹 짖어대는 진돗개가 더 좋다. 다리에 힘이 빠져서 허둥댈지라도 눈망울은 반짝반짝 빛나도록 단련하기를 바란다.

일렁이는 파도가 바위에 부딪쳐서 물보라를 만들며 햇빛을 받아 흰 옷으로 갈아입고, 그 출렁이는 모습에 물새들도 장단 맞추어 춤을 춘다. 얼마나 멋진가. 노도(怒濤)보다는 평범한 파도가 용감하게 부딪치는 그 용기(勇氣)! 나는 오늘도 내일도 파도처럼 부딪쳐서 물보라를 일으키면서 살고 싶다.

(2014. 12)

꿈꾸는 일

지난 2014년 연말에 교통사고를 기점으로 하체고장이 심각해지고 있다. 거리에 나가보면 노인들의 일부는 절룩거리거나 지팡이를 싶고 다닌다. 나도 그중에 하나이다.

누구나 자기의 내일 모습을 상상하지 않겠지만 자신이 발걸음도 가볍게 걸어 다니지 못할 것이라고는 생각하지 않고 살아간다. 나 또란 한쪽 다리를 번쩍번쩍 들면서 뒤뚱뒤뚱 걷는 사람을 보면서 불편해 보이지만 나하고는 전혀 상관없는 지체 장애인으로 취급해 버리고 살아왔다.

그러던 내가 오른쪽 발목이 굳어져서 움직이지 않고, 발자국을 뗄 때마다 오른발을 덜렁덜렁 들어서 옮기고, 조금만 부주의하면 평지를 차면서 넘어지려고 한다. 물리치료도 받아보고, 한방(韓方)치료도 받아봤으나 별 효험이 없고 가벼운 운동이나 하면서 이대로 안고 살아가야 할 것 같다.

고등학교 동기들을 모처럼 만났더니 그중에 두 사람이 척추고장으로 하체가 맥이 없고 통증으로 고생을 했다고 한다. 여러 가지 방법으로 치료를 받아도 별 효험이 없어 고생하다가, 어느 정형외과에서 주사(注射) 한 방으로 완쾌되었다고 하면서 날더러 거기에 가보라고 권했다. 나도 무슨 방법을 취해봐야지 이렇게 뒤에서 칼을 들고 덤벼도 한 발자국도 피할 수 없는 장애인으로 살 수는 없지 않나하는 고민을 하던 차이므로 그가 소개한 병원으로 찾아갔다.

3년 전 교통사고로 입원하여 찍었던 MRI사진을 복사해서 보여주었더니 '척추운동신경'이 마비되어가고 있는데 그동안 얼마나 더 심해지고 있는지 MRI를 다시 찍어 봐야 하겠다고 하기에 거금(巨金)을 들여서 찍었다. 의사가 보더니 점점 마비가 심해지고 있고 2~3년 내로 휠체어를 타야할 증상까지 발전할 수 있다고 했다. 나는 충격을 받았다. 퇴화되고 있다고 하면 늙어서 오는 현상으로 받아들일 수도 있는데 마비되고 있다고 하니 기가 찰 노릇이었다. 수술을 하더라도 완치가 되는 것이 아니고 효과가 서서히 올 뿐이고 수술비용은 700만원이 소요되고 보조벨트는 별도로 구입해야 하고 10일 정도 입원하고 3개월가량 요양해야 한다고 했다.

나는 핑 돌았다. 수술을 피할 수 없다고 여겨 마누라에게 이야기를 했더니 이 사람은 남의 이야기처럼 수술은 안 된다고 단호하게 말하는 바람에 예민해진 나는 와락 화를 내기도 했다.

그러던 차에 처 이질이 사위를 본다고 청첩장이 와 있어 절룩거리면서 결혼식에 참석을 했다. 혼주의 매제이며 나와는 종씨가 인사를 하기에 나의 하체에 대한 증상을 설명했더니 그는 한의원(韓醫院)을 개업하고 있는 한의사라 나의 하체고장을 들여다보듯이 설명하면서 자기가 한번 치료해 보겠다고 한다. 나는 살아오면서 남의 말을 너무 믿는 순진한 사람으로 물질적인 손해도 많이 본 사람인데 그 말이 귀에 쏙 들어오고 이 사람이야말로 나를 낫게 하거나 정확한 진단을 내릴 사람이라고 단정했다. 그리고는 어제까지 6일간 치료를 받고 있는 중이다. 한 달만 치료를 받아보면 치료 방향을 잡을 수 있고, 별 불편 없이 살아갈 수 있을 것이라고 하니 얼마나 반가운 소식인가.

나는 그동안 점점 더 심해져서 휠체어를 타야 할지도 모른다는 생각보다 전동카트를 타거나, 자율자동차로 옮겨 다니거나, 인공보행보조기를 이용해서 생활할 수 있다고 생각했다. 2020년까지 일본에서는 인공지능보행보조기(Wearable Robot)를 940만 개를 만들어 장애인과 노인들에게 보급할 것이라고 하니 그때가 되면 나도 그것을 구입해서 좋아하는 골프도 마음대로 칠 수 있지 않겠나하는 기대를 했다.

나는 아직 지리산을 정복하지 못했다. 지리산 노고단에 올라가 보지 못한 것을 창피하게 생각해 왔고, 기회가 되면 꼭 한 번 도전해 보리라 생각했는데 이 꿈도 접어야 하지 않겠나. 크루즈 여행도 가고 싶었다. 지구상에 육지보다 더 넓은 망망대해 위에 배 띄워 놓고 끝없는 수평선을 바라보면서 가슴아 터져라 하고 심호흡도 하고 싶었고, 자고 일어나서 붉은 태양이 나를 향해서 엄청난 햇빛을 쏟아 부어서 나를 산화시킬 듯한 황홀감에 젖어 보고 싶었다. 온 세상 만물을 고루고루 비쳐주고 황혼의 아름다움을 뽐내면서 바다 속으로 사라져가는 석양을 바라보면서 나의 앞날도 그려보고 싶다. 그러나 나는 그 꿈을 접어야 할 것 같다.

무리해서 나선다고 해도 나 아닌 다른 사람의 손을 빌려야 하는 일이 많을 것이다. 지금도 내가 지팡이를 짚고 거리를 걷거나 전철을 탈라치면 모두들 못 볼 것을 본 것처럼 설설 피하고 자리를 내어준다. 이런 내가 아직도 아름다운 광경을 흠모하고 노고단을 꿈꿔도 되는 것일까.

그러고 보니 나이 들었다고 꿈조차 꾸지 말라는 법은 없는 것 같다. 만사 제쳐두고 열심히 치료받다 보면 그중 한 개의 꿈이라도 이뤄지지 않을까 기대한다.

(2017. 9)

119구급차

거리에 다니다보면 흔히 앰뷸런스의 사이렌 소리를 듣게 된다. 어떤 환자가 고통을 받고 있는가, 또는 생명이 흔들리고 있음을 느끼면서도 저 차에 누가 타고 있는가를 구체적으로 생각해 본 일이 없고 그 환자의 고통이 어떨까, 어떤 상황일까 심각하게 생각해 본 일이 없다. 더군다나 내가 그 앰뷸런스에 탈 수도 있다고는 생각해본 일도 없다.

2014년 12월 29일 오후 2시 20분경, 지하철 9호선을 타기 위해 당산중학교 맞은편 한국화학융합연구원 옆 인도를 걷고 있는데, 기척도 없이 어떤 물체가 내 몸을 덮치기에 팔꿈치로 한 번 치는 순간 내 몸을 넘어트리고 다리부터 그 물체 밑으로 깔려 들어갔다. 그 물체는 인도에서 후진하는 무쏘라는 차종이었다. 정신을 바짝 차리고 차 밑에 얼굴정면이 닿지 않도록 돌리는 순간 자동차 밑 어느 부분에서 내 귀를 깔아뭉개면서 사정없이 두피를 짓이기고 있었다. 그때 나는 맑은 정신에 내 고향 어느 양지쪽을 바라보면서 이렇게 맑은 정신에 하늘나라로 영혼은 떠나가는구나 하는 최후의 순간이 떠오르면서 오라면 가야지 하고 저승길을 받아들였다. 그러나 그 순간 더 이상 진행되지 않고 그 차는 후진을 멈추었고 나는 죽음으로부터 해방이 되었다. 그 순간까지 맑은 정신을 갖고 있었는데 불가항력적인 물체에다 속수무책으로 내 몸을 맡기고 있는 무기력한 나에게 그대로 밀어붙였으면 아무 저항 없이 저승길에 갔을 것이다. 길바닥에 피가 흥건했다. 겨울철에 맨땅바닥에 쓰러져 있는 몸을 얼마 후에 앰뷸런스가 와서 나를 흑석동 중대병원으로 이동시켰다. 나는 그 순간에도 정신이 뚜렷했고, 그 엄청난 고통을 참느라고 사력을 다했다.

왼쪽 머리 부분이 많이 눌려 있었고, 오른쪽 귀는 완전히 망가져 있었다. 두 상처를 꿰매는데 약 3시간이 걸렸지만, 아픔을 참으면서 돌아가신 아버지를 생각했다. 『삼국지』에 관운장은 화타라는 의사가 뼈 속에 스며든 독을 제거하기 위하여 뼈를 깎는 소리가 멀리까지 들렸는데도 흔들림 없이 바둑을 두었다는 이야기가 생각났다. 부분마취를 했지만 전신마취가 아닌 이상 통증을 완전히 가시게 할 수는 없나 보다. 노인을 전신마취를 시키면 깨어나지 못하는 경우가 있기 때문에 부분마취를 시킬 수밖에 없다고 했다.

나는 아이들이 모두 모여 들었지만 엄마한테는 수습이 되고 나서 연락하라고 신신당부했다. 마누라가 그 험한 꼴을 봐서 득이 될 것은 없기 때문이다. 또 나는 그 참혹한 고통 속에서도 성인의식이 발동해 경찰서에 연락해서 순간의 실수로 젊은 사람의 앞날을 망치지 않도록 구속시키지 말라고 하라고 몇 번이고 부탁을 하곤 했다. 고의가 아니고 실수일진대 어쩌면 운수 나쁜 나 때문에 피해를 당하는 셈이 될 수도 있다고 생각되기도 했다.

가해자 측에서나 병원에서는 80노인이니 용도폐기(用途廢棄) 대상이요, 유효기간이 지났다고 대수롭게 생각하지 않고 적당히 취급했을 것이라고 생각하면 다소 억울한 면도 있으나 어쩌랴, 많이 오래 살아온 것을! 그러나 노소를 가릴 것 없이 생명은 소중한 것이 아닌가.

퇴원해서 하루를 보내고 보니 살아가는 것은 많은 사람으로부터 빚을 지는 것이 아닌가 생각이 된다. 가족과 의료진 그리고 걱정해준 많은 친척과 친구들, 서로 도움을 주고받으면서 살아가는 것이 인생살이가 아닐까.

다만 한 가지 유감은 안과이다. 급한 데는 거의 수습이 되어서 노트북을 켜놓고 글을 읽으려고 하는데 글줄이 오른쪽으로 꼬리가 올라가고 글자가 깨지는 종전에 경험하지 못한 현상이 일어나서 안과에서 진찰을 받았다. 안과에서는 앙막염(網膜炎)을 앓던 자국에서 발생된 현상으로 이번 사고와는 관계가 없다고 단언한다. 비록 이번 사고이전에 잠재해 있던 원인이라고 하더라도 사고의 충격으로 재발했다면 사고로 인한 재발이 아닌가. 그리고 스탭진도 젊은이들이 오만불손으로 고객이 왕이라는 말도 들어보지 못한 깡패처럼 보였다. 아무리 용도폐기 될 유효기간이 지난 노인이라 하더라도 인술을 베풀어야하는 의사로서 자세가 아니지. 노인이라 할지라도 납득이 가도록 설명할 생각은 않고 고자세로 밀어붙이기 일변도(一邊倒)로 하는 짓은 병원 발전에도 도움이 되지 않을 것이다.

퇴원을 해서 집에 돌아와서 하루를 쉬고 다음 날에 회사를 가기 위해서 둘째아이 차를 타고 밖을 내다보는데 모두가 생소해 보이고 공포감마저 느껴지는 것은 무슨 이유일까. 병원이란 한정된 공간에서 10여일 생활하다보니 바깥 세계가 생소하게 느껴졌기 때문이겠지.

구급차, 새삼 윙윙 소리를 내면서 급하게 달리는 구급차를 보게 되면 촌각(寸刻)을 다투는 환자가 저 안에 타고 있을 것이라고 생각하면서 그 환자를 위해서 기도하는 마음을 갖게 된다.

(2014. 1)

가을에는 수필을

나는 지금까지의 시간이 무지하게 길고도 짧았다. 지금까지는 대충대충 지내다 보니까 시간이 너무 잘 가고, 봄이 왔나 싶으면 금방 여름, 여름이 너무 더워서, 지겨워하다 보면 그 여름은 내 인생도 싸잡아 지나가 버리고, 그리고 가을이 왔다. 가을! 하늘이 높푸르고 구름이 뚜렷한 형태를 유지하면서 두둥실 떠다니는 가을, 만물이 일생의 아름다운 결실을 맺어 펼쳐진 이 하늘 아래 이 멋진 풍경, 이 시절 이 장소에서 영원히 머물 수는 없을까. 내 나이로 치면 가을도 지났건만 가을이 왜 이렇게 좋을까.

그런데 가을이 길어졌다. 무슨 소리냐고? 시간도 잡으면 길어진다. 내가 시간에 얹혀 갈 때에는 시간이 짧고 가을이 금방 지나갔지만, 시간을 내가 몰고 가고 있는 요즘은 시간이 길어졌고 가을도 길어졌다. 자고 일어나면 그대로 아름다운 가을, 햇빛 맑고 찬란한 가을, 고맙게 오늘도 아름다운 가을이다. 밖을 내다보라! 얼마나 찬란하고 아름다운 계절인가?

수필에 가까이 가려고 하는 내게 이 가을은 글자 한 자 한 자가 더 똑똑히 보이고, 단어 하나하나가 깊은 울림으로 다가온다. 이 느낌을 음미하면서 벌써 저녁인가 하면서 하루하루를 보내는 이 가을, 내가 수필문학에서 너무 먼 거리에서 살아왔기 때문에 대충대충 읽어서 윤곽만 파악하던 소설, 신문, 잡지, 기타 읽을거리들을, 첫 강의를 듣고 난 후로는 다시 관심을 갖고 찾아 읽는다. 글을 읽으면서 보내는 시간은 참으로 보람 있고, 나에게서 쉽게 떠나가는 시간이 아니다. 그래서 요즘 나에게는 가을은 종전처럼 금방 떠나가는 계절이 아니다. 9월 초 수필 강의를 수강하던 때가 아득한 옛날 같이 느껴지는 것은 왜일까. 아마도 전처럼 대충대충 살아올 때와는 다르게 머릿속에 숨어 있는 많은 것을 들추어내면서 부지런히 반추하고 있기 때문이리라.

문장으로 표현하는 데는 빵점인 내가 이 아름다운 가을 단풍을 그리기에는 어느 서툰 사람의 낙서처럼 되지 않을까 걱정되기는 해도 '오~ 아름다운 오색찬란한 단풍들이여! 무슨 은혜로 그처럼 아름다운 옷의 선물을 받았는가?' 하고 외쳐 보기도 한다. 늙었다고 원망도 후회도 하지 말고 오는 세월 잡고 늘어지

자. 내가 놓지 않으면 그도 빨리 가지 못하리라.

내가 문장력이 빵점은 아니라는 말이 솔솔 나오고 있다. 수필의 형식을 제대로 갖추지 못하기 때문에 문학으로서 평가는 받지 못하더라도 문장력이 없다고 치부해 버릴 일은 아니라고 생각이 된다. 여기에 써놓은 글을 읽어 보아도 그렇게 허무한 문장은 아니다. 문장 제재를 잘 전개하고 다듬는다면 훌륭한 수필을 쓸 수 있지 않을까 싶다. 하여튼 기록으로 마음을 표현한다는 것이 가치 있는 일이라는 것을 전에도 몰랐던 것은 아니고, 다만 겁을 먹고 시도해 볼 생각을 하지 않았을 뿐이다. 이제부터라도 부지런히 써서 문장 구성력을 단련하고, 좋은 소재를 개발해서 멋진 글을 남기도록 노력해야겠다.

내 평생 이번 가을처럼 보람 있고 멋진 가을은 없었다고 생각된다. 이 가을을 나의 영원한 보물을 만드는 결정적인 계기가 되어 주기를 바란다. 어느 시인이 '오늘이 내 인생의 마지막 남은 첫날'이라고 쓴 시를 보았다. 그런데 그 말을 모르고 허송세월하는 사람은 없겠지만 늘 그 생각을 하면서 사는 사람도 드물 것이다. 나 같이 연로(年老)한 사람은 그 첫날이 많이 남지 않았으니 항상 '오늘'을 최고로 행복하게 살아야 할 것이다.

행복하게 산다는 것은 지혜롭게 산다는 말과 같다. 시바타 도요라는 일본의 99세의 노인이 『약해지지 마』라는 시집을 내면서 '인생이란 늘 지금부터야, 그리고 아침은 반드시 찾아와, 그러니 약해지지 마. 난 괴로운 일도 있었지만, 살아 있어서 좋았어.' 하고 읊었다.

인생이란 늘 지금부터라는 마음을 갖고 글쓰기에 매진하려고 한다. '늦었다고 생각할 때가 가장 빠르다'라는 말처럼 '이제부터다' 하고. 이 멋진 가을에 지나가는 무심한 세월을 내 마음대로 지혜롭게 지배하면서 나의 삶을 꽃피운 멋진 수필을 써보자. 수필 쓰기 최고인 가을이다.

(2012. 10)

구름은 살아 있는가

구름 하면, 우리가 일상에서 쳐다보고 그냥 '구름이다' 하고 지나치고 말겠지마는 좀 더 관심을 가지고 접근해보면 신비스러운 느낌을 가질 수 있다. 내가 경험한 환상적인 구름 이야기를 적어본다.

지난겨울에 선배 몇 분과 후배 몇 분, 모두 10명이 더운 나라 말레이시아를 찾을 기회가 있었다. 오전 10시 20분에 인천공항을 떠나 홍콩에서, 2시간 정도 머문 후에 말레이시아 타이핑행 비행기로 환승하였다.

마침 창가 자리에 앉게 되어, 창문을 열었더니 내가 앉은 자리가 태양과 가깝기 때문인지 그 빛이 너무나 강렬하여 얼른 닫고 말았다. 그리고 오후 7시쯤, 목적지에 가까이 가게 되어 육지를 구경할 생각으로 다시 창문을 열고 내다봤다. 그 순간,

태양과 구름에 가까이 있게 된 나는 태양과 구름간의 사랑게임 같은 광경을 보고 너무도 황홀하여, 그 속에 빠져들었다. 그는 분명 물에서 생겨나서 물로 돌아가는 존재로서 온도의 변화에 따라 여러 가지 형태로 변하기는 하지만, 그 높은 하늘 위에서 태양과 만나 속삭이는 광경은 참으로 아름답고, 신비스러웠다. 엷게 흩어져 있는 구름 사이로 뻗어 나가는 석양빛의 은혜라도 입은 양, 순백의 천사가 되기도 하고, 다홍치마 입은 새색시가 되기도 하면서 조용히 흘러간다. 또 산더미 같은 뭉게구름, 그 엄청난 위압감에 눌려서 숨을 죽이게 된다. 그 구름은 어떤 방해도 받지 않고 둥실둥실 흘러가는 모습에 후련함을 느끼기도 한다. 태양의 빛을 가릴 때는 먹구름이 되고, 살짝 비켜나갈 때에는 꽃구름이 된다. 또 다시 바람을 타고 떠가는 솜털구름, 해와 달과 별만이 속삭이고 싶을 때면 지상의 모든 눈을 가리기 위해서 온 천지를 뒤덮어버리는 위용을 뽐내기도 한다. 진정 구름 위의 세계는 너무도 맑고 깨끗하고 아름답다.

구름! 그들은 태양의 배려에 따라서 하얗게, 검게, 또는 붉게, 그 옷을 바꿔 입기도 한다. 그리고 일곱 가지 색깔 찬란한 무지개를 만들기도 하고, 때론 자유의 몸이 되어 두둥실 또는 쏜살 같이 흘러가버린다. 바람의 힘을 빌려 어디든지 노자 없이 떠돌아다니는 존재다. 초봄에는 지상의 온갖 풀잎에 내려와 이슬로 변하는 존재, 가을에는 살금살금 내려 앉아 서리로 변하는 존재이다. 이슬비, 소낙비, 하얀 눈, 온갖 형태로 나타나서 강으로 바다로 간다. 때로는 안개가 되어 난폭한 운전자들을 길들이기도 하고, 모든 생물의 생명으로 변신하는 변화무쌍한 만능의 존재다. 또 열대지방에서 구름은 태양의 힘을 빌려 맹렬한 기세로 높이 솟아 올라가다가, 찬 기류를 만나 지상으로 곤두박질하여 시원한 스콜이 되기도 한다. 그리고 그들의 모체인 물은 인간으로부터 상선약수(上善若水)라는 대접을 받으면서 만물의 영장인 인간 위에 군림하고 있다.

내가 평소에 존경하는 선후배님들을 따라 구름을 탄 기분으로 이곳에 왔다가 구름의 조화에 대해 생각하다 보니 마치 내가 구름을 탄 신선이 된 듯하다. '뜬구름 같은 인생'이란 정처없이 떠돌아다닌다는 뜻인가. 아니면 언제 사라질지 모른다는 뜻인가, 정녕 둘 중에 하나일 터인데 도무지 생각이 정해지지 않는다. 아니 지금 이 순간, 구름 타고 신선이 된 나의 이 느낌을 표현한 것이라면 참 좋으련만. 그 반대의 경우를 말한 듯해서 서운해진다.

일행이 식당에서 점심을 먹고 있는데 시원하게 스콜이 내리기 시작하였다. 우리들 중에 의사가 네 분 있었는데 모두 보수적인 생각을 가지신 분들이어서 화제마다 거의 의견일치로 화기애애한 분위기라 뜬 구름에 몸을 실은 사람처럼 나는 행복감에 젖어 있다. 그러던 중 스콜이 그치니 산자락에 심어져 있는 열대지방 특유의 다듬은 듯 소복소복한 나무들을 감싸고 있던 구름이 구름왕의 부름을 받기라도 한 것처럼, 나뭇가지 사이에서 일사분란하게도 쏜살같이 빠져나가는 모습에 정신을 잃고 바라보고 있었다.

구름이란 물에서 왔다가 물로 돌아간다는 단순한 물리적인 현상보다 그들의 살아 움직이는 모습에 젖어 보고, '구름은 하늘의 꽃' 메마른 나의 감성을 아름답게 채색해 주었다.

구름이 물러가고 하늘이 맑게 개었다. 맑아진 하늘에는 유난히 반짝이는 별이 총총하다. 옛날 어릴 때 우리 고향에서 보던 그 별이다. 한때 아녀자들이 머리카락을 잘라서 가발을 만들어 수출할 때 이 별도 말레이시아에 수출한 그 별이 아닐까.

대영제국(大英帝國)의 영웅 넬슨제독은 조국에 승전보를 띄운 후에 죽음에 임하면서 "I have done my duty."라고 말했다. 비록 넬슨은 아니지만 우리 일행도 지상에서의 모든 의무를 다 마쳤다고 생각하는 지금, 살아있는 구름 위에 몸을 실은 신선이 된 것처럼 마냥 행복했다. 구름이 동행해준 이 특별한 여행을 오래오래 기억할 것 같다. 구름! 이 구름은 살아있다.

(2013. 4)

나는 이렇게 자랐다

한세상을 살면서 내가 남긴 나의 아이들로부터 존경은 받지 못하더라도 부끄럽지 않은 아버지가 되고 싶다.

나는 일제강점기(日帝强占期)에 산골인 경남 의령에서 6남매 중 다섯째로 태어났다. 내가 태어났을 때 우리 부모나 우리 가족이 기뻐하고 환호했으리라고 생각하지 않는다. 연달아 아들만 다섯 번째 태어났으니 반가웠겠는가. 그 시절 일본사람들에게 농산물 등 사람 사는데 필요한 모든 것을 수탈당하고 초근목피(草根木皮)로 생명을 유지하기에 급급했던 시대다.

나와 지금 생존해서 나에게 큰 힘이 되고 있는 동생 사이에 또 하나의 동생이 있었는데 홍역으로 먼저 하늘나라에 갔고 남아 있는 동생은 네 살에 어머니를 여위고 불쌍하게 자랐지만 지금은 상당한 재력가로 성공했다. 이 동생은 이쑤시개 하나를 두 개로 잘라서 하나는 본인이 쓰고 나머지 하나를 내게 주고, 휴지 한 장을 4등분해서 쓰는 물자절약의 달인이다. 내 동생 재산 증식 일화를 소개하면 부동산 투자로 축재하던 시대에 부동산소개업자가 "이런 물건이 있다."고 권하면 "당신 마음에 들면 계약하라."고 하고 "계약금은 당신 돈으로 해." 며칠 후 "계약자가 해약하자고 한다." "그러면 계약금은 당신이 갖고 위약금은 내 통장에 입금시켜!" 이렇게 손대는 물건마다 돈이 따라오는 운 좋은 사람이었다.

우리 어머니는 내가 9살이고 내 동생이 4살 때 불행히도 산후조리 잘못으로 43세 젊은 나이로 돌아가셨다. 큰아들을 결혼시켜서 새 며느리를 맞이한 지 1년도 채 되기 전에 세상을 뜨셨다. 그러니 나는 인간에게 가장 소중하고 애절한 어머니 사랑을 받은 기억이 없는 가엾은 사람이다. 어떤 부모가 자식의 일생을 지켜줄 수야 있겠냐만 자랄 때 그 소중하고 인간 최고의 사랑, 어머니의 사랑을 받아본 기억이 없는 사람이 나라고 생각하면서 살아왔다. 어머니 모습도 기억이 안 나고 나를 안아주신 기억이 없다. 아버지로부터 전해들은 이야기는 내가 어릴 때 홍역을 여러 날 앓을 때 좀처럼 열꽃이 솟아나지 않았다고 한다. 어떤 분이 막걸리를 조금 마시게 하면 열꽃이 빨리 돋는다는 해서, 막걸리를 먹였더니 열이 펄펄 끓어 사경을 헤매게 되었단다. 의료혜택이 전무한 때라 어머니께서 겨울철에 얼음을 깨고 차가운 물에 목욕을 하시고 조상과 천지신명(天地神明)께 치성을 드리셨다고 한다. 나는 아마 그 지극하신 정성으로 죽음의 문턱에서 살아 돌아왔으리라. 그렇게 해서 깨어나기는 했지만 숨이 가쁘고 목소리를 제대로 내지 못해서 많은 어려움을 겪어야 했다. 또한 나의 운명을 결정해야 할 중요한 시점에 한 단계 높은 길을 택할 수 있었지만 음성의 결함으로 의사 전달이 제대로 안되어서 포기해야 했다. 나는 어머니의 얼음을 녹이는 뜨거운 모성애로 이 나이까지 건강하고 많은 사람들로부터 사랑을 받으면서 살고 있으니 어머니에게 감사를 드린다.

나의 아버지께서는 큰 학자(學者)는 아니지만 평생 서책(書冊)을 가까이 하시고 원근(遠近)의 한학자(漢學者)와 교우(交友)하시면서 우리 오형제(五兄弟)에게 아침저녁으로 한학(漢學)을 가르쳐 주셨다. 나도 일찍부터 한학에 입문하기로 하고 그 근방 한학서원으로 가기로 예정되어 있었는데 큰형님께서 일본으로 돈벌이를 가셨다가 돌아오셔서 10세에 초등학교(당시에는 국민학교)에 입학을 시키셨다. 이렇게 해서 나는 한학(漢學)이 아닌 신학(新學)으로 입문하면서 운명(運命)의 길이 바뀌게 되었다. 집에서 학교까지의 거리는 약 2㎞ 정도였지만 통학하는 데는 무리가 없었다. 그러나 의복이나 신발을 제대로 갖추지 못해 겨울에는 추위에 떨면서 또는 맨발로, 짚으로 만든 슬리퍼나 나무

게다를 신거나 끈 떨어진 게다를 들고 다니면서 초등학교를 마쳐야 했다. 6학년 때는 전교 회장으로서 전교생 앞에 나가서 엉덩이부분이 해진 구멍 난 바지 뒷부분을 움켜쥐고 차렷 경례를 구령한 적도 있다.

일제강점기에 입학한 나는 학교에서는 우리말을 못하게 하고 만약 우리말을 하면 벌로 소정의 딱지를 빼앗기고 10매가 모이면 벌을 받는 규칙 속에서 학교생활을 했다. 그네들의 말로 대동아전쟁(세계 제2차대전)이 한창이라 학생들에게 소나무에서 나오는 송진을 따오라고 산으로 몰아내면서 막바지 발악을 하던 시대다. 철없던 소년 시대의 기억은 학교생활의 고통보다 가정생활의 고통이 더 컸던 것 같고 달콤한 추억은 거의 없다.

(2016. 7)

등산으로

나는 첩첩산중 시골에서 태어나서, 군자(君者)는 요산(樂山)하고 인자(仁者)는 요수(樂水)한다는 한문 글귀를 머리에 담았기 때문에 군자가 되고 싶었던지 초등학교 다닐 때부터 시간이 나면 책을 들고 산으로 올라가곤 했다. 깊은 산 숲속으로 들어가면 온 자연으로부터 오는 커다란 축복 속에 묻힌 듯 행복해하던 기억이 있다. 그래서인가 나는 등산을 참 좋아했고 지금도 여전히 좋아한다. 그러나 한때 나는 새로운 운동에 심취하여 등산을 소홀히 한 일이 있었다. 그래서인지 무릎관절에 문제가 생겨서 심한 고통에 시달려야 했다.

내가 무릎관절로 인하여 절망상태에 빠져 있던 어느 날, 동생이 난데없이 전화로 "형님, 등산 갑시다." 뜬금없는 권유를 해와서 부아가 치밀었다. 그래서 "이 사람아, 무릎관절 때문에 절망에 빠져 있는 사람에게 등산이라니, 약 올리는 거냐?" 하고 쏘아 붙였다. 그래도 굽히지 않고, "오르다가 정 안 되면 제가 업고라도 올 테니 걱정 말고 갑시다." 하고 강권한다. 더 화를 낼 수도 없고, 할 말을 잃고 있는데, 대학 다니는 큰딸아이가, "아버지 가세요. 제가 모실 터이니 아무 걱정 마시고 같이 가세요." 하고 옆에서 거든다. 그런 분위기에 휩쓸려서 걸음도 제대로 걷지 못하는 사람이 무엇에 홀린 듯, 6자짜리 각목을 하나 구해서, 관운장이 화타에게 독화살을 맞은 자국을 수술받을 때 그 아픔을 견뎌낸 것처럼, '다리가 결딴나더라도 참아가면서 어디 한번 가보자.' 하고 우직하게 산행에 나섰다.

아픈 다리를 이끌고 북한산을 구기터널에서 대남문 방향으로 가는 코스를 선택했다. 다들 알겠지만 그 당시에는 이 코스는 등산로가 좁고 울퉁불퉁, 온통 험한 돌길이었다. 각목에 의지하여 몇 발자국 걷다가, 네 발로 기어가다가, 주저앉았다가 아무리 이를 악물고 애를 썼지만 길은 줄지 않고 통증은 나를 봐주지 않았다. 내가 생각해도 참으로 어처구니없는 만용(蠻勇)이었다. 업고 가겠다던 동생 일행은 어디로 갔는지 꼬리도 보이지 않았고, 딸아이만 옆에서 얼굴이 벌겋게 달아오른 채 안절부절못하면서 어찌할 바를 몰라 했다. 그러나 마음만 애썼을 뿐이지 별 뾰족한 수는 없는지라 당혹해 하는 모습이 안쓰러웠다.

시간이 얼마나 걸렸고 얼마나 애를 썼는지, 지금은 기억이 몽롱 하지만, 어쨌든 그 너머 우이동방향으로 내려가는 산 정상까지 올라갔다. 헐떡거리며 땀을 닦고 아래를 내려다보니 오르긴 올랐지만 이제 내려갈 일이 꿈만 같았다. 요즘 같으면 119를 부르고 헬리콥터로 하산하여 병원으로 갔을 터이지만, 그때는 그것은 엄두도 못 낼 시대였다. 그렇다고 딱히 업고 갈 만한 사람도 없었다. 이제는 굴러서라도 내려갈 수밖에 없다고 생각하면서 애를 썼지만, 갈 길은 쉽게 줄지 않았다. 택시 타는 데까지 가는데 고통은 생각조차도 하고 싶지 않아 아예 기억에서 떨쳐내 버렸다. 천신만고라는 말은 이럴 때 제격이다.

집에 도착하자 곧장 집 앞 목욕탕으로 갔다. 평소는 열탕 근처는 얼씬도 하지 않던 사람이 불덩어리가 된 무릎관절을 열탕에 푹 담그니 찌릿찌릿하면서 시원한 느낌이 나로 하여금 모든 고통을 눈 녹듯 한꺼번에 잊게 하고 긴장을 풀어 행복감에 젖게 해주었다. '열탕이 시원하다?' 어디서 듣던 소리다. 어느 애비가 자식 놈한테 시원하다고 들어오라 했더니, 아들이 한 발을 넣어보고는, "세상에 믿을 놈 없네!" 하더라는 우스갯소리 말이다. 그러나 내게 그 열탕은 정말로 시원했고, 그것이 내 구세주를 갈음할 수도 있겠다는 생각에 용기를 얻어, '옳거니! 열탕이 있는 한 등산을 계속하자.'고 마음속으로 다짐했다.

그 후 계속 아픈 다리를 이끌고 주말마다 비교적 평탄한 산을 골라서 등산을 꾸준히 다니고, 또 열탕에 들어가서 열심히

찜질을 했다. 처음에는 일주일 내내 통증이 계속되다가, 차차 6일 간, 몇 달 후에는 5일간, 그리고 다시 몇 달 후에는 4일로…. 그렇게 통증기간이 줄어들었다. 그러다가 2년 이상 계속했더니 무릎관절의 통증은 온데간데없이 말끔히 사라졌다. 지금도 하체의 힘은 줄어들었지만 걷는 데는 관절로 인한 지장은 전혀 없다.

요즈음 공휴일이 되면 봄, 여름, 가을, 겨울 할 것 없이 관악산, 도봉산을 비롯해서 등산코스로 이름이 나 있는 곳이면 어디든지 울긋불긋, 등산복 차림의 사람들이 온 산을 뒤덮는다. 그것을 보면 모두들 건강관리를 잘해서 오래 살겠다는 생각을 하는 것 같기도 하지만, 또 너무 잘 먹어서 살 빼러 가는 것 같기도 하다. 어떠한 목적이든 간에 건강을 다지는 데는 등산보다 더 나은 운동은 없다고 생각한다.

나는 나의 심각한 고민이던 무릎관절을 꾸준한 등산과 열탕찜질로 완치의 쾌거를 본 사람으로서 무릎관절에 고생하는 모든 분에게 꾸준한 등산을 권하고 싶다.

(2013. 6)

보석 같은 친구를 보내고

그분과 헤어진 지 오늘이 꼭 1주일째입니다. 7년 전이었지요. 60여 년 전에 헤어졌던 친구를 되찾아 환호하면서 보석 같은 친구라고 불렀던 일이 있었습니다. 그분은 사회적인 봉사와 암 투병에서 기적 같은 성공을 이루어내어 국민훈장도 받고 방송에 출연해서 암환자들에게 암극복의 방법과 용기를 주는 선행으로 유명인사가 되어 있었습니다.

이번에는 큰 보석 같은 친구, 존경하는 또 다른 친구를 잃고 애통해하고 있습니다.

1953년에 대학 입학을 같이한 동기생으로서 전공학과도 다르고 사회활동영역이 달라서 친숙하게 지낼 기회는 적었습니다. 그러다가 정년이 지나고 다소 시간적 여유가 생겼을 때 우리는 매달 첫 주 토요일에 현충원에서 부부 동반으로 만나 산

책을 하고 점심을 함께하면서 한담을 나누었습니다.

나는 개인사업을 하면서 50대 후반에 골프에 입문하고, 손 박사는 퇴직하고 시작한 걸로 알고 있습니다. 우리는 매주 한 번씩은 라운딩을 하면서 자연과 더불어 시간을 보냈습니다. 기골이 장대하고 신중한 분이라 실수가 별로 없으니 가끔씩 얻어지는 버디에 주먹을 불끈 쥐고 "버디" 하고 외치던 모습이 어제 일 같습니다.

손 박사가 북한 북창에서 태어나서 고등교육을 받고 연구실에서 활동하다가 6·25한국전쟁 시에 천신만고 끝에 월남하는 과정이나 남한에서 있었던 일들을 가끔씩 이야기할 때 기적을 먹고 살아온 사람 같았습니다.

그분은 환경문제가 대두되기 전에 농토오염문제 논문을 냈습니다. 그때는 반정부적이라고 걱정하는 분이 많았는데도 과감히 펴내서 오히려 정부당국이 환경문제에 눈뜨도록 한 분이 우리의 보물 손동헌 박사입니다.

약학대학 학장까지 지낸 약학박사가 약 잘 안 먹고 병원에 안 갔습니다. 아침 6시에 일어나서 만 보 걷고, 골프 연습장에 들러서 한 박스치고, 친구와 바둑 한판 두면서 하루를 시작했으니 잡병이 침투할 틈이 있었겠습니까. 점심식사를 함께하고 일어서면 곧바로 칫솔을 들고 세면대로 향합니다. 92세에 이르기까지 충치를 앓아본 일이 없었다고 하면서 임플란트가 뭐냐고 묻던 무병장군이었습니다.

지난 3월 28일 라운딩을 시작하며 1번 타자인 손 박사가 타석에 올라가 때린 공이 이리저리 흩어지면서 "이 어른이 왜 이래?" 하고 외치는 듯했습니다. "요 며칠 다리에 힘이 풀려서 넘어지기도 하고 가래에서 피가 나온다."라고 말했을 때 이 어른, 고장이 단단히 났구나 싶었지요. 필드라운딩을 포기하고 그린 주변에서 어프로치도 해보고 퍼팅도 해보는데 공은 이미 손 박사를 외면했습니다.

다음날 전화를 해봤습니다. 병원에 가봤는데 별 이상이 없다고 하더라고요. 그러면 증세가 어떠냐고 물었더니 힘이 없다고만 말했습니다. 다음다음날 집으로 전화했더니 사모님이 받더라고요. 말도 잘 안 하고 식사도 잘 안 한다고 했습니다. 배고프면 잡수시겠지. 답답하면 말하겠지라고 자답하고 전화를 끊었습니다.

자주 전화하기도 뭐해서 며칠이 지나고서 전화를 했더니 따님이 받아 자기 전화번호를 가르쳐주기에 간접적으로 연락하기로 약속하고 "지금 아버지하고 통화해보라"고 하면서 전화를 바꿔줍디다. 대화를 하던 중 "골프 나가? 누구누구 나가냐?"고 묻기에 일일이 호명을 했더니 "김 아무개가 누구지?" 하기에 운전해주는 친구라고 말했더니 알아들으며 길게 "부럽다." 하였지요.

그 한마디가 마지막 대화였어요. 그럭저럭 며칠 지나 지난 15일, 늘 한 팀으로 치던 친구들과 골프를 마치고 돌아오면서 "오늘 손 박사 안부 한번 물어봅시다." 하고 집에 전화를 걸었더니 안 받더라고요. 다시 따님한테 걸었어요. 신호가 두세 번 울리고 따님이 전화를 받기에 "아버지 어떠셔?" 하고 묻는 순간, "오늘 돌아가셨어요!"라고 하는 겁니다. 나는 기절초풍해서 말을 잇지 못하다가 "뭐라고, 언제?" 그 말뿐이었습니다.

참으로 어처구니가 없었습니다. 그 강철 같은 거인이 염라대왕(閻羅大王)한테 끌려가셨다는 말인가. 아니야. 자기 갈 길을 스스로 찾아가셨지 누구에게 끌려가실 분은 아니야. 삼국지에 나오는 천하 명의 화타(華陀)가 찾아와서 치료를 하려고 해도, 춘추전국시대의 편작(扁鵲)이 찾아와서 문진(問診)을 하려고 해도 응하지 않으실 분이니 자기 갈 길을 담담히 뒤도 돌아보지도 않고 가셨을 겁니다.

남들처럼 앰뷸런스나 영구차를 타지 않고 며칠 후에 다시 돌아올 사람처럼 '잘 있거라. 나는 간다'는 작별인사도 없이, 담담히 짝사랑에 멍든 나를 애처롭게 돌아보면서 '건강해라' 말 한마디도 않고, '넌 자신 있잖아!' 하는 것 같습니다. 좀 얄밉기도 하지만…, 아직도 내 가슴속에 흐르는 슬픔을 감당할 수가 없습니다.

오호통재며 오호애재라(嗚呼痛哉며 嗚呼哀哉라). 슬퍼한들 무엇

하며 통곡한들 무엇 하랴!

'산산이 부서진 이름이여, 허공 중에 헤어진 이름이여… 부르는 소리는 비껴가지만 하늘과 땅 사이가 너무 넓구나.'

오늘은 이렇게 김소월의 「초혼」을 외며 넋두리를 합니다. 그 분의 명복을 빕니다.

(2021.6)

나이란 종합선물세트

새해를 맞이해서 이 한 해를 어떻게 보낼 것인가를 생각하기 전에 나이를 한 살 더 먹었다는데 신경이 쓰인다. 나이란 지난 한 해를 무사히 보냈다는 선물이다.

지난 1년을 잘 버티지 못하고 세상을 떠난 사람들은 받지 못하는 귀하고 참 좋은 상이다. 나는 이 선물을 종합선물세트라고 부른다. 그동안 수십 번 받아보았지만 종합선물세트를 귀하고 소중하다고 생각해본 일이 없었고 이번처럼 무게를 느껴본 일이 없었다. 90세까지 살아 있는 사람을 본 일도 없는 것 같은데 내가 90세란다. 평생 내놓을 만한 한 일도 없이 이 나이까지 이 세상의 한 구석을 차지해 왔고 그런대로 열심히 살아 왔다고 자부면서도 후회스런 일이 없는 것도 아니다.

지금 2020년 정월 초하루 평소대로 잠에서 깨어났다. 자고 일어난 기분은 어제와 별다른 느낌이 없다. 그러나 새해 첫날임은 분명하다. 어릴 때는 설날이면 새옷으로 갈아입고, 맛있는 음식 먹고 어른들에게 세배하고 마음껏 뛰놀던 일 년 중 가장 즐겁고 설렘이 가득 찼던 날이었다. 이제는 무거운 몸을 일으켜 그때가 좋았다고 웃으면서 손자 손녀들의 세배를 받을 준비를 한다.

생각해 보면 이 나이에 내 발로 걷고 내 손으로 내 몸을 관리하고 가족들에게 걱정을 안 시키는 것만 해도 잘 사는 것이 아니겠나 하고 생각하면 건강을 물려주신 부모님과 만물을 지배하시는 하느님에게 감사할 일이다.

나는 이 종합선물세트를 열어 보려고 한다. 지난 365일 동안에 내 인생의 희로애락을 가득 담은 많은 일들이 담겨져 있을 것이다. 1년 동안 써 놓은 일기장을 뒤져본다. 지난해에 이곳으로 이사 와서 맞는 첫해이다. 그동안 아파트 생활을 6년 동안 해봤지만 모두 5층이었다. 5층에 살면서 '사람은 흙냄새를 맞고 살아야하고 자연과 더불어 사는 것이 지당하고 정원수에서 뿜어내는 산소를 바로 맡을 수 있을 뿐 아니라 내려다보면 눈을 즐겁게 할 수 있으니 아파트는 5층이 최고'라고 생각하고 살아왔다.

그러다가 5층 생활을 마감하고 타의에 의해서 23층 건물의 중간층인 12층으로 이사를 오게 되었다. 와서 보니 신축아파트라 보온도 잘되어 있고 내부 설비가 잘 되어 있어 편하게 살 수 있어 5층의 예찬을 버리고 내 생애의 마지막 보루로 정하기로 마음먹었다.

봄을 맞이하는 어느 날 아침에 눈을 뜨고 침실에서 문을 여는 순간 거대한 불덩어리가 온 집안을 가득 채워서 열기를 느낄 정도였다. 순간 이것이 웬일인가. 나에게 내려준 큰 복덩어리인가 하고 황홀해 하면서 옛날 젊은 시절에 정동진 해맞이를 간답시고 사람들 틈에 끼어 열차를 타고 간 일이 기억이 났다. 새벽에 바다 속에서 솟아오르는 태양은 온 바다를 몽땅 불덩어리로 만들어 모든 사람을 압박하니 우리는 한목소리로 환호성을 질렀었다. 그때를 생각하면서 우리 집은 날마다 정동진의 새해 아침이고 태양의 집이라고 이름 짓고 싶다.

또 하나의 멋진 사건이 담겨 있었다. 작년 12월 7일 영국 토트넘 공격수 우리나라 손흥민 선수가 번리팀을 상대로 한 경기 중 상대방의 수비영역에서 볼을 잡아 70여m를 여덟 명의 거친 수비수를 제치고 통쾌하게 슈팅할 때 나도 모르게 벌떡 일어서서 환호성을 지르면서 지난 한 해 동안 쌓였던 스트레스를 한 번에 내뱉었던 사실도 들어 있다. 그러지 않았더라면 한 해 동안 쌓였던 정치적 사회적 경제적 모든 스트레스를 안고 새해를 맞이할 뻔했다.

2020년을 무사히 지나면 2021년 새해 첫날엔 그 무서운 코로나를 용케 피해서 잘 살아남았다고 나이라는 종합선물세트를 온 세상 사람들에게 하나씩 나누어 주겠지.

(2020. 12)

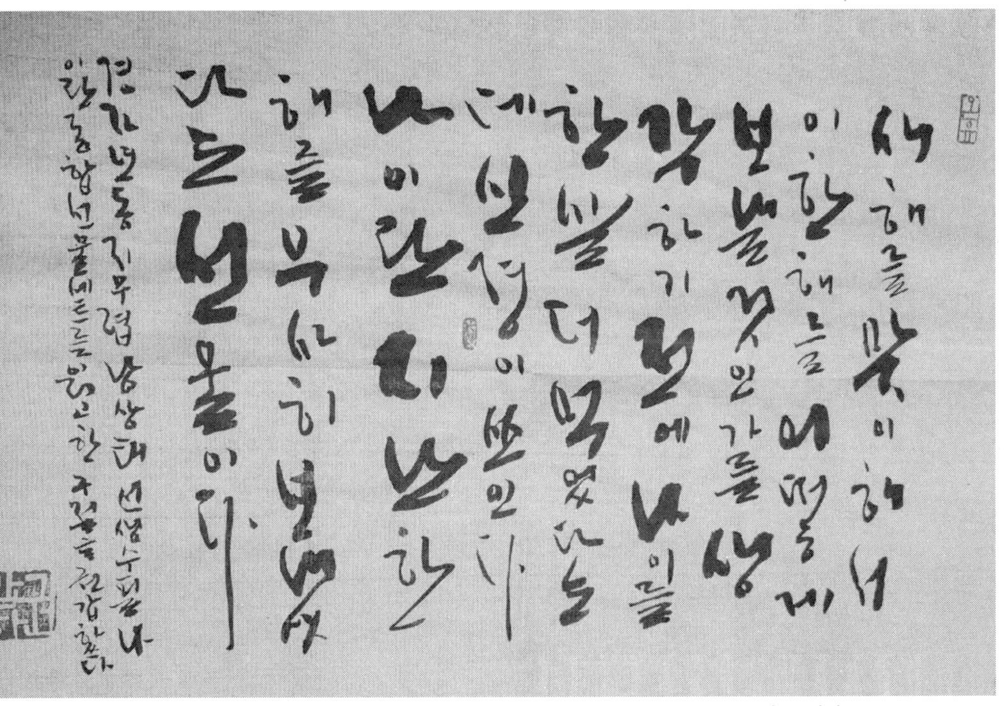

「나이란 종합선물세트」를 읽고 권갑하 부이사장님이 첫문장을 명필로 선물해 주셨다.

방바닥이 푸른 바다로 변하던 시절의 추억

- 권갑하 이사장님께

오늘은 많이 춥습니다. 내일은 영하 17℃라고 예보하고 있으니 몇 년 만에 맞는 겨울다운 겨울 같습니다. 60년대 70년대에는 폭설에 혹한에 방안에 둔 잉크병이 얼었다가 봄이 되면 녹아내려서 방바닥이 온통 푸른 바다로 변한 경험한 일도 있습니다.

지난밤에는 한 시간 가량 잠들었다가 갑자기 잠에서 깨어났는데 약 두 시간을 애써도 잠을 이루지 못하고 책상 앞에 앉았습니다. 두 시간 동안 뇌 활동은 약 60년 전으로 돌아가서 무지개 속에서 헤매고 있었습니다. 1958년 내가 중앙대학교 대학원 재학 시절 문리과대학 학장실에 조교로 발령을 받아 근무하고 있을 때 일이 주마등처럼 스쳐갔습니다.

어느 날 백철 학장님께서 긴급한 회의에 참석해야 하니 남선생이 국문학과 3학년 현대문학시간에 들어가서 한 시간 대강을 하라고 했습니다. 그 순간 나는 내 귀를 의심했지만 곧바로 강의실에 들어가야만 할 시간이었습니다. 나는 교육학을 전공하는 대학원생으로서 학장님께서 갑자기 회의에 들어가셔서 나더러 학생들과 시간을 공유하라고 하셔서 들어왔다고 나를 소개한 후에 18세기 영국의 시인 윌리엄 워즈워스의 시 「무지개」를 여러분과 함께 감상하라고 말씀하셨다고 전하고 학생들을 쳐다보니 황당해 하는 분위기였습니다.

나로서는 시에 관해서는 김소월의 「초혼」이나 윤동주의 「서시」 '죽는 날까지 하늘을 우러러 한 점 부끄럼이 없기를' 정도의 젊은이들은 누구나 갖는 관심을 가졌을 뿐 우리나라 시인이 아닌 외국의 시인을 접할 수 있는 기회는 별로 없었습니다. 그러나 학생들과 '어린이는 어른의 아버지(The child is father of the man)' 대목에서는 갑론을박하다가 끝내 확실한 해답을 찾지 못하고 시간을 끝냈던 사실이 기억에 떠올랐습니다.

내가 권이사장님의 이력을 검색한 결과 1958년생 공교롭게도 무지개를 두고 씨름을 하던 그때와 일치해서 그때 풀지 못한 어린이는 어른의 아버지가 우리 관계를 예언한 것처럼 느껴져서 나는 흥분을 주체할 수 없었습니다. 마치 허허벌판에 서리를 맞고 조용히 시들어가고 있는 이름 없는 잡초가 갑자기

환한 햇빛을 만난 것처럼 행복에 겨워하고 있습니다.

많은 분들이 보내주신 작품들을 읽으면서 스스로 부끄럽고 용기를 잃을 때도 많고 몇 편을 읽다가 지쳐 눈을 감고 졸기도 하고 금방 읽었던 앞줄을 다시 읽으면서 이어가기도 하고, 며칠 있다가 다시 읽으면 참맛을 음미한 듯 설레기도 합니다. 때로는 잊었던 기억이 되살아나서 펜을 들고 싶을 때도 있습니다. 사무엘 울먼은 '젊음이란 어느 시기를 말하는 것이 아니고 그 마음의 상태를 말한다'고 했으니 권이사장님이 불어넣어주신 격려로 다시 태어나고자 합니다. 지켜봐 주시고 격려해 주세요. 감사합니다.

(2021. 1)

4.

이 또한 지나가리라

배려하는 마음

젊을 때는 정도(正道)로만 산다는 마음으로 살았다. 그러다 보니 상대방을 배려하려는 부드러운 맛은 없는 딱딱한 인간이었다. 이렇게 사는 동안 좌절도 맛보았고 평탄한 길만을 걸었다기보다 오히려 전투(戰鬪)에 임하는 자세로 살아왔다고 볼 수 있다. 가정생활도 예외가 아니어서 매사에 내 고집대로 밀어붙이는 강경한 태도로 일관해 왔다. 그러니 가족들이 항상 긴장 속에서 살았고, 특히 아내가 가장 큰 피해자였다. 그래도 잘 참아 주었으니 참으로 고마운 사람이다.

독선이 곧 진실이 아니라는 사실을 깨닫게 된 것은 그리 오래되지 않았다. 공자 말씀에 육십에 이순(耳順)이라는 말이 있다. 그 말은 나에게 꼭 맞는 말이 아닌가 싶다. 내 나이 60이 넘으면서부터 독선은 서서히 물러가고 나와 반대되는 생각을 가진 사람이 얼마든지 있을 수 있다고 긍정적으로 상대를 받아들이는 자세로 변하게 된다.

그러나 지금도 가끔 젊을 때처럼 상대방의 입장에 서 보기를 거부할 때가 있다. 어느 야당 여성정치인의 경우, 정말 이건 아니지 않은가. 온 국민이 매스컴을 통하여 두 눈을 똑바로 뜨고 본 장면을, 본인이 그 사건 발생의 원인까지 제공해 놓고도 "나는 보지 않았다."고 부인하면서 국사를 의결하는 헌법기관에 떡 버티고 있다. 그런 인간의 입장은 되어 보고 싶지는 않다. 더욱이 그녀를 감싸는 정치인들. 절대로 그런 인간들의 입장에서 보고 싶지도 않고 울분을 참지 못하는 것은 아직도 수양이 덜된 탓인가.

얼마 전에 우리나라 항공업을 대표하고 있는 재벌의 딸이 승객 280여 명을 태우고 출발하는 비행기 안에서 승무원이 견과류를 제공하는 과정에서 규정된 절차를 밟지 않았다는 트집으로 사무장과 승무원을 꿇어앉히고 욕설을 퍼붓고, 바인더를 던져서 상처를 입혔다고 한다. 그래도 분이 안 풀려서 비행기를 출발점으로 회항시켜서 사무장을 내리게 했다니, 오만과 교만이 극에 달하기는 했지만 그 인간의 입장에 한 번 서 보기로 한다.

그때 승무원의 귀에 대고 "제대로 절차를 밟아야지, 모르지는 않았을 텐데 바빠서 그랬구나." 말하면서 윙크라도 해주었으면, 존경하는 마음으로 그 자리에 무릎을 꿇었을지도 모른다. 그랬더라면 소문이 널리 퍼져서, 그 회사 종사자들이 그 여인이 나타나면 존경하는 마음으로 서로 얼굴을 보려고 발돋움을 할지도 모른다. 이런 멋진 오너 밑에 있는 그 그룹의 모든 종사자들은 일에 지쳐서 몸살을 앓더라도 행복할 것이고, 온 국민이 좋아하는 기업으로 발전할 것이다. 이것이 바로 배려의 힘이 아니겠는가. 그러나 그 철없는 여자의 교만과 독선 때문에 집안망신에 기업망신, 나아가서 나라망신까지 시킨 결과를 초래했다

영국 사람들은 발 밟힌 사람이 밟은 사람에게 사과한다고 하지 않는가. 당신 발 놓을 자리에 내가 먼저 놓아서 미안하다고.

살다보면 실수를 할 수도 있고, 범죄의 길을 피할 수 없을 경우도 있을 것이다. 잘못을 따지기 전에 상대방을 이해하려고 노력하고 긍정(肯定)과 배려(配慮)와 이해(理解), 여기에다 아량(雅量)을 곁들어서 바라본다면 상대방을 바라보는 눈길이 너그러워질 것이다. 그러면 다툼이 없고 평화스러운 세상이 되지 않을까. 지극히 평범한 진리이면서도 쉽게 실행에 옮기지 못하는 것이 우리 인생사다.

나는 아집과 독선을 내려놓고 일단 긍정적으로 상대방을 배려하려는 자세로 변한 후로는 세상이 더 밝게 보인다. 내 주위의 모든 분들이 나에게 행복을 전달해주는 고마운 분들로 보이면서 즐거운 마음으로 살아가고 있다.

(2015. 8)

선친(先親)의 유훈(遺訓)

선친의 아호(雅號)는 제강(霽岡)이시다. '제'자는 개일 제, 강자는 '뫼 뿌리 강', 뜻으로 해석하면 비나 안개가 사라지고 깨끗하게 갠 산의 모습을 뜻함으로써 우리 선친의 성격과 품격을 잘 나타낸 호칭이라고 생각된다.

지금부터 44년 전 1968년 2월에 72세를 일기로 별세하셨다. 선친께서는 43세의 젊은 나이로 상배(喪配)하셔서 청춘 시절을 재혼(再婚)도 하지 않으셨다. 그 당시 내 나이는 아홉 살, 내 동생은 네 살이었다. 6남매를 두셨는데 맏딸은 출가하고, 장남이 결혼한 지 1년째 되는 해에 이런 불행한 일을 당하셨다. 그 당시 장남인 백형의 부인인 큰형수는 겨우 20세로, 시집 온 지 1년밖에 안 되었다. 우리 집에는 선친을 비롯하여 남자만 6부자인데 큰형수 한 분으로부터 모든 수발을 받게 되었다. 살림도 무척 어려워서 큰형수님의 고생은 필설로 다 설명할 수가 없다. 이렇게 안살림이 어려운데도, 선친께서는 재취(再娶)를 안 하시고 여름에도 버선을 신으시며 의관(衣冠) 단장하시는 유학자의 자세를 유지하셨으니, 형수님의 고충이 얼마나 컸을 것이며 본인에게도 참기 어려운 일들이 너무도 많으셨을 것이다. 재혼 안 하신 이유는 재혼을 하게 되면 또 다른 소생이 생기게 되기 때문이셨다. 따라서 나와 내 동생이 구박을 받게 되고 가정의 평화가 깨질 것을 걱정하신 나머지 한번 뿐인 인생의 소중한 청춘을 어린 아들 둘을 위해 회생하신 그 헤아릴 수 없는 은혜에 감읍(感泣)할 따름이다.

내 동생이 어릴 때 허벅지에 크게 곪아서 칼로 1㎝정도 찢어야 하게 생겼는데, 본인은 물론 옆에서 보는 나도 겁이 나고 안타까워서 눈물을 쏟고 있었다. 선친께서 정색을 하시고 "옛날 중국에 '관운장'이라는 장군이 있었는데, 적으로부터 독이 든 화살에 맞았다. 그 부위를 수술을 하게 되었는데, 수술하게 되면 너무 아파서 견디기 어려울 것이다. 그러니 쇠기둥에 묶어야 하겠다고 말하는 의사(화타)에게, '아무 걱정 말고 수술이나 하라'고 하면서 천연스럽게 바둑을 두었다. 그 독이 뼈에까지 스며들어서 독을 긁어내는데, 그 소리가 밖에까지 들리는데도, 전혀 흔들림이 없었단다. 그런 것이 대장부 사나이다. 너도 그분처럼 훌륭한 대장부 사나이가 되어라."고 하시면서 환부를 칼로 찢고 치료를 하셨다. 나는 지금도 고통을 참아야 할 경우에는 그때 그 생각을 하게 된다.

또 어느 날 나에게 "수탉이 지붕에 올라가서 목을 쭉 빼고서 '꼬끼오' 하고 우는 것을 보고 어떻게 표현하면 가장 시적(詩的)이겠는가?" 하고 테스트하셨는데, 적당한 대답을 못하자, "너는 시인이 될 재능은 없다."고, 하시면서 "소리를 드리운다."라고 말씀하시던 일이 기억난다.

그리고 돌아가시기 약 한 달 전에 우리 5형제를 모아 놓고, 옛날 어느 마을에 우애가 좋은 형제의 일화를 다시금 말씀하시며 "형제간에 재산 가지고 다투는 일이 없도록 하라."는 유훈을 남기셨다.

요즘 재벌의 2세들이 먹고 사는 데는 지장이 없으면서, 선대로부터 물려받은 유산으로 형이 또는 동생이 크게 이루면, 그 재산이 탐이 나서 이전투구(泥田鬪狗)를 하는 모습을 보면, 선친의 유훈이 다시 생각나고, 선대를 욕되게 하고 있구나 하는 생각이 든다.

나에게는 선친께서 가르쳐 주신 많은 교훈이 있다. 일일이 다 열거하지 못하나 내 마음속에 살아 움직이면서, 삶의 지침이 되고 있다. 우리 형제는 재산을 제일 많이 모은 동생이 주축이 되어 높다란 제실을 지어 선친에게 헌납하고, 흠모하는 장소로 이용되고 있다. 사람에게는 누구나 부모의 가르침이 거름이고, 영양가 있는 거름이야말로 영원한 가보(家寶)가 되어 행복의 근원이 된다고 생각한다. (2012. 11)

우리 엄마

내가 어릴 적에는 홍역으로 인하여 세상의 빛을 보지 못하고 이슬로 사라진 아기 천사들이 허다했다. 그 시대에 나에게도 그 무서운 홍역을 피해갈 수는 없었다. 쉽게 발진(發疹)이 안 되다가 갑자기 기습적으로 발진이 되어서 질식 상태에 있었다고 한다. 이것저것 온갖 방법을 다 동원하셨지만 소생의 기미가 안 보이자, 나의 엄마께서 그 추운 겨울에 얼음을 깨고 그 차가운 물에 목욕을 하시고, 정화수(井華水) 떠놓고 천지신명께 비셨다고 한다. 그 지성에 감동하여 돌보셨는지 내가 다시 깨어났다는 말을 아버지로부터 전해 들었다. 그러나 그때 목숨은 건졌지만 비정상적인 고열로 기관지에 치명상을 입어 한동안 소리를 내지 못했다고 한다. 그러니 나는 엄마의 지성으로 다시 태어났고, 그때 받은 엄마사랑이 나에게는 마지막이었던 듯 싶다. 나는 9살 때 엄마를 잃었다.

나는 지난 3월초에 날씨가 상당히 춥고 바람이 세차게 부는데도 불구하고 연 5일간 무리하게 운동을 해서 감기 몸살에 기침을 심하게 했다. 그래서 이비인후과에 갔더니, 의사가 놀라면서 "기관지가 어떻게 해서 이렇게 망가졌느냐?" 하고 놀랬다. 그때 나는 위와 같이 어릴 때 이야기를 해주었더니, "덤으로 오래 사시네요." 하고 말했다. 나는 이때에 그동안 잊고 살아왔던 어머니 사랑에 대해서 다시 돌아보게 되었다.

이 나이까지 엄마를 모시고 사는 사람은 당연히 드물겠지만 아홉 살 이후로 엄마라는 말을 입 밖에 꺼내 볼 기회가 없었기 때문에 엄마라는 단어 자체가 나에게는 생소한 단어였다. 선친께서 43세에 혼자 되셨으면서 재혼을 안 하셨기 때문에 엄마라고 부를 대상이 없었기 때문이다.

그러나 엄마가 얼마나 그리웠던지 어느 가을 달밤에 창문을 비춰주는 달빛에 마음을 실어 "울 밑에 귀뚜라미 우는 달밤에, 기럭기럭 기러기 날아갑니다. 가도 가도 끝없는 넓은 하늘로 엄마 엄마 찾으며 날아갑니다." 낮에 무슨 일이 있었던지 기억나지 않지만 그 노래를 마음속으로 부르면서 흐느낌을 긴 호흡으로 내뱉고 한없이 눈물을 쏟았던 기억이 아직도 생생하다. '가도 가도 끝없는 넓은 하늘로 엄마엄마 찾으며 날아갑니다.'

이 대목에서는 슬픔이 극에 달해서 밖으로 튀어나가 다른 가족이 깨지 않도록 숨죽여 울었었다.

또 대학 재학 시절 국가에서 제정한 제1회 '어머니의 날' 기념행사를 치르는 교회에서 "낳으실제 괴로움을 다 잊으시고… 하늘 아래 그 뭣이 높다 하리요."까지는 눈물을 꾹 참고 견뎠으나 목사님이 엄마의 깊은 사랑을 예를 들어 설교했을 때 슬픔이 폭발하여 밖으로 뛰쳐나가서 목을 비틀면서 통곡을 했다. 그때 한 교우가 나와서 등을 두들기고 흔들면서 심호흡을 시켜서 나를 안정시켜 주었던 기억도 난다.

어머니의 사랑이 그렇게도 절실했던가, 어머니의 사랑을 받고 자라나는 사람은 엄마의 사랑이 얼마나 소중하고, 깊고 따뜻하고, 이 세상 무엇과도 비교할 수 없음을 알아야 할 것이다. 하기야 대부분의 사람들은 엄마의 사랑을 듬뿍 받으면서도 당연한 것처럼 여길지도 모르겠다. 하느님은 모든 사람에게 고루 고루 진실하고 깊은 사랑을 주기 위하여 어머니를 만들었다고 한다. 나는 어머니의 사랑을 제대로 받지 못한 불행한 사람이다.

어릴 적 얻은 기관지 고장은 평생 고질병이 되어 내가 걸어온 인생길을 좌우하기도 했다. 교단에 서기에 부적절하여 어릴 때부터 꿈꾸던 그 길을 도중에 포기했다. 그로 인하여 내 삶의 방향을 바꾼 것을 두고 애석하게 생각하고, 뻗어 나갈 대망이 꺾인 것처럼 원망스럽게 생각하기도 했다. 그러나 어머니의 낳아주신 은혜에 더하여 희생적인 사랑이 없었다면 나는 이 세상에 없었을 것이며, 오늘날의 내가 존재하지 못했을 것이기에 그 큰 은혜에 감사하고 또 감사한다.

(2014. 3)

유모차 유감

이 차가운 겨울에 어린아이를 유모차라고 불리는 손수레에 담아 싣고 다니는 젊은 여인을 보면 마음이 저려온다. 겨울에 아기를 데리고 꼭 나가야 할 일이 있다면 보온이 되는 아기 포대기로 잘 싸서 품에 안고 다닐 일이지 남이 한다고 나도 수레에 싣고 다니는 것은 철없는 짓이다. 수레에 싣고 다닐 때에 아무리 잘 싸도 엄마의 체온으로 감싸는 것만 하겠는가. 아기는 엄마의 배 속에서 열 달 만에 세상에 나왔다. 그 아기에게 가장 알맞은 온도는 엄마의 체온이 최상이 아니겠는가. 엄마의 품안에서 새근새근 잠든 천사와 같은 모습을 보라! 얼마나 사랑스럽고 예쁜가. 태어난 지 몇 달 지나면 엄마와 눈을 맞추고 생긋 웃는 모습, 좀 더 지나면 엄마의 "까꿍!" 하는 소리에 예쁜 소리로 응답하며 기뻐 버둥거리는 순간, 세상을 다 얻은 것 같은 행복감을 준다.

세상의 모든 엄마는 아기를 위한 일이라면 물불을 가리지 않는다. 불 속에 아기를 구하려고 뛰어 들었다가 죽음을 당하는 일, 동사(凍死) 직전에 자기의 옷을 모두 벗어 아기를 감싸고 나머지 체온을 아기를 위해 안고 죽어 있는 장면을 목격한 실화도 있다. 모정이 세상에서 가장 위대하고, 여자는 약해도 엄마는 강하다는 말은 인류역사가 증명하고 그 사실을 부인할 사람은 없을 것이다.

일본에서 있었던 실화로, 엄마가 집 밖에서 일을 하다 집에 화재가 발생한 것을 보고 뛰어들어 두 아이는 구해냈다. 그러나 자기는 온몸에 화상을 입어 흉측한 얼굴이 되었다. 그러나 그 엄마는 온갖 허드렛일을 마다 않고 두 아들을 뒷바라지하여 이름난 대학을 졸업하게 되었다. 두 아들 중 한 아들의 졸업식 날, 수석 졸업하는 영광스러운 식장에 그 흉한 모습을 보이기 싫어서 먼발치에 숨어서 보고 있었다. 그 순간 그 아들이 달려가서 그 엄마를 업어다 귀빈석에 앉히고, 답사(答辭)*에 앞서 자기 엄마를 소개하였다.

흉한 모습을 한 그 여인에게 귀빈을 비롯하여 그 자리에 참석한 모든 하객이 시선이 일제히 쏠렸다. 그리고는 약속이나 한 듯 모두 일어서서 우레와 같은 박수를 보냈고, 그 순간 여인은 찬란한 빛을 발했다고 한다. 그 찬란한 빛이야말로 불보다 뜨거운 모정에서 우러나온 인간 최고의 승리이며 최상의 아름다움이 아니었을까.

여인에게 어머니가 될 자격이 주어진 것은 인간에게 준 가장 위대한 신의 축복이다. 아기와 체온을 공유하고 눈으로 교감하는 둘 만의 세계를 갖는 기회도 길지 않다. 아장아장 걷기 시작하면 아기는 자기 세계를 만든다. 그때부터 체온을 공유하는 엄마가 아니고 보호자로서 엄마가 될 뿐이다.

유모차라는 명칭은 어떻게 생겨났는가. 유모란 우유가 보급되기 전에 양반집 며느리가 젖이 부족하면 젖 여유가 있는 이가 대신 젖을 먹여주던 여인을 두고 붙여진 이름이다. 어찌 그 손수레가 유모가 될 수 있는가.

요즘은 자녀를 한 둘만 낳는 시대라, 여자의 일생 중 아기와 체온을 공유할 수 있는 소중한 기회가 많지도 않고 길지도 않다.

걸음마를 시작하면 엄마 아빠가 손을 잡고 걸어보라. 얼마나 좋아하는가. 밀폐된 공간에 가두어 키우지 말고 일찍부터 자연을 접하고 돌부리에 걸려서 넘어지는 등 세파에 적응력과 자립심을 갖도록 하여 건강한 시민이 되게 키워야 한다.

*답사(答辭): 졸업식에서 후배가 졸업하는 선배에게 축복하는 송사(送辭)에 선배인 졸업생이 답하는 말.

(2016. 1)

이 또한 지나가리라

차분히 앉아서 마음을 정리해서 글로 옮기고 싶어도 도저히 마음이 안정이 안 돼서 시간만 보내고 있다. 하도 복잡하고 두서를 잡을 수 없어 어디부터 시작하고 마음을 정리해서 글로 옮겨야 할지 실마리를 잡지 못한다. 화를 머금고 '이 또한 지나가리라' 하고 머리를 흔들면서 자제(自制)해 보지만 바늘방석이다.

사건의 발단은 김영란법이 국회에서 통과되어 청와대에 넘어오게 되면 대통령이 결재하고 공포하게 되는데 언론들이 언론은 빼달라고 애원했지만 박근혜대통령이 단호히 거절했다. 등쳐먹고 사는 언론인들은 생존의 위협을 느끼고 있을 즈음, 청와대 민정수석이 조선일보 송희영 주필의 비리폭로가 오늘 이 사태의 도화선이 된 것이다. 그로부터 모든 언론들이 그네들의 비리를 건드리지 못하게 일제히 단합해서 박근혜대통령을 공격하기 시작했다.

종북 세력들은 기다렸다는 듯이 일제히 일어나서 온 나라를 뒤덮고 언론은 그들의 일정과 행사계획을 수시로 보도하여 안내하고, 거기다가 성과를 과대포장하여 사기를 돋우고, 보수층의 태극기 물결의 열기와 참여 숫자를 보고 속으로 놀라면서 국민의 반응은 싸늘하다고 토를 단다. 보수층의 열기가 겁이 났던 모양이다. 언론들이 전직 대통령들의 비리와 현 대통령의 비리와 비교할 줄 모를 이가 있는가. 언론이 마음먹으면 나라도 뒤집을 수 있다고 자만하면 나라가 망할 수도 있지 않을 까 걱정된다.

이 암흑의 먹구름이 아름다운 바람으로 서서히 걷혀 가기를 바라지만 행여 검은 우박이라도 쏟아 내리지 않을까 초조해진다. 옛말에 '입이 도끼'라는 말이 있다.이 못된 입(언론)이 발동해서 대들보를 내려앉힐 수도 있지 않을까.

가족도 멀리하고 혼자 몸인 여자 대통령을 만만히 보고 온갖 횡포를 부리니 호시탐탐 기회만 보던 빨갱이들이 백일하에 당당히 고개를 쳐들고 있다. 촛불 바람에 편승하여 대통령이 다 된 듯 날뛰는 문재인은 대통령이 되면 사드배치 재고, 개성공단 재개, 금강산 관광 재개, 어느 우방 지도자보다 먼저 북한 김정은을 만나겠다고 공언하고 있는데 김정은은 대한민국을 다 준다고 하더라도 접수는 하겠지만 핵 포기는 안 할 것이다. 세계를 향해서 큰소리 치고 싶으니까.

난세(亂世)에 영웅(英雄)이 난다고 했으니 하늘에서 뚝 떨어지듯 빛나는 얼굴이 나타나기를 간절히 기도한다.

국민이 어리석으면 훌륭한 지도자를 배출할 수 없다. 국민이 현명하면 부족한 지도자도 영웅으로 만든다고 했다. 그리스에 민주주의가 태동하자 플라톤은 힘의 원리에 국민이 넘어가게 되면 우민정치가 될 수 있다고 걱정했다. 우리 국민들은 어리석지는 않다고 자부하는데 과신하는 건 아닌지.

지금 우리의 주변국인 중국은 우리나라의 사드배치가 저의 나라를 공격하기 위함이 아니고 우리나라 자체방어를 위한 자위조치인데도 자기나라 공격용으로 배치하는 것처럼 반발해서 우리나라를 싹 무시하는 태도를 취하고 있고, 일본 역시 36년 동안이나 잔혹한 만행을 저질러 놓고 위안부문제 협상에 불만을 품고 일부 극단적인 행동을 하는 세력들을 문제 삼아 우리나라를 무시하는 태도를 취하고 있다. 이게 다 우리 지도자의 공백을 틈타서 벌어지고 있는 현상이며, 우리의 강력한 우방인 미국의 지도자가 바뀌는 시점에 그를 상대해서 외교할 지도자가 없다. 통탄할 노릇이다.

오늘도 하늘을 우러러 큰 탈 없이 이 먹구름이 '이 또한 지나가리라'라고 기대해 본다.

(2017. 1)

입양유감

삶속에 수많은 인간사가 때로는 슬픔으로 때로는 기쁨으로 우리 곁으로 다가온다. 최근 뉴스를 통하여 우리들의 가슴을 저리도록 아프게 한 사건, 어린 정인양의 죽음은 참으로 충격적이다.

오래전에 『사상계(思想界)』라는 월간지에 미국에서 있었던 사건을 읽은 일이 있다. 미국의 어느 중산층 가정에 아들 둘을 대학 진학시키고 50대 중년 부부가 알콩달콩 살고 있었는데 어느 날 대문 앞에 포대기에 싸인 간난아이를 발견했다. 사연을 적은 쪽지가 있었는데 이 아이를 얻기는 했는데 행복하게 키울 능력이 없어 여기다 놓고 간다며 생년월일이 적혀 있었다고 한다. 고맙게 생각하고 주 정부에 신고하고 법원에서 5년만 기르기로 판결을 받았다. 유수 같은 세월이 어느덧 5년이 흘러

가서 또 다시 재판부의 승낙이 필요해서 재판정에 "우리 가족은 이 아이와 사랑과 정으로 얽혀서 떨어질 수도 없고 재정적인 여건으로나 자식 키운 경험 등으로 그 누구보다 이 아이를 행복하게 해줄 수 있으니 이 아이가 대학 진학할 때까지 우리 가족과 함께하게 해달라."고 재판부에 매달렸다. 그러나 재판부에서는 이 아이를 키우겠다고 희망해 온 가정이 여럿 있는데 이분들의 여러 가지 여건을 비교해 봐서 이 아이를 더 잘 키워서 행복하게 해줄 것이라고 판단되는 가정으로 넘기겠다고 말한다.

그러나 이들은 우리가 이 아이를 얼마나 사랑했는지 사랑의 대가를 생각해서라도 그냥 키우게 해달라고 매달렸다. 판사 왈 "이 아이가 자라면서 당신들에게 아양을 떨면서 행복하게 해준 것만으로 그 대가는 차고 넘친다."고 답변하고 다른 가정으로 넘어갔다고 했다. 그러나 지금 생각하면 그 아이가 보다 정상적으로 성장하는 데는 연속적인 사랑이 다른 어떤 여건보다 중요하다고 생각된다.

현재 요직에 계신 어떤 분이 아이는 사랑과 가정의 울타리 안에서 아무 조건 없이 사랑의 웅덩이 속에 빠져서 자라야 한다고 했다. 그분은 딸 둘을 낳고 아들 둘을 입양했다고 한다. 참으로 존경스럽다.

우리 성당의 교인 한 가정에 입양아를 여럿 키우고 있었는데 나는 수년 동안 매월 얼마씩 협찬한 일도 있다. 그 집 아이들은 언제나 밝고 활발하고 구김살이 없어 그분들을 존경했는데 정인이를 입양할 때는 무슨 마음으로 입양했다가 그 어린것을 죽음에 이르기까지 구박하고 폭행했을까. 인면수심(人面獸心)이란 이럴 때 쓰는 말일 것이다. 기가 차고 치가 떨린다.

(2021. 1)

지하철 사랑

평소에는 지하철을 타면 경로석을 찾는다. 들어서면 경로석으로 거의 본능적으로 가서 자리가 비어 있으면 앉고 빈자리가 없으면 눈을 돌리고 서서 간다. 경로석이 아닌 좌석 앞에 서 있으면 젊은 사람한테 일어서라고 압박하는 것 같기도 하고, 나는 괜찮은데 일어서 자리를 내어주면 우선 미안하고 또 고맙기도 하다. 개중에는 나보다 훨씬 젊어 보이는 사람이 눈을 지그시 감고 앉아 있는 꼴을 보면 언짢아지기도 한다. 그래도 내가 운동 겸 참고 싶은데 그런 사람을 보면 다리가 아파지는 것은 내 심사가 고약한 탓이겠지.

스마트폰에 열중하고 있는 사람, 책에 묻혀 있는 사람은 덜 밉기도 하고 오히려 독서삼매경(讀書三昧)에 있는 사람을 보면 혹시나 방해가 되지 않을까 전전긍긍하게 된다. 그리고 나도 가끔 전화가 걸려올 때가 있는데 나로서는 조심스럽게 전화를 받으려고 노력한다. 그런데 어떤 사람은 지하철의 이동사무실이나 된 듯 장시간 큰소리로 통화하고 있는 사람을 보면 은근히 화가 치민다. 하기야 스마트폰은 이동사무실 역할을 한다는 말도 있다.

어떤 때는 요행히 자리를 잡고 같은 공간에 있는 사람들의 얼굴을 자세히 볼 때가 있다. 저 사람은 지금 무엇을 생각하고 있을까. 눈을 감고 입을 꼭 다물고 있는 저 사람의 지금 생각은 무엇일까. 지구상에 있는 모든 사람이 지금 이 시간에 생각하고 있는 것은 모두 다를 것이다. 따끈따끈한 드라마를 연출하고 있을까. 환상적인 그림을 그리고 있을까. 속으로 지옥을 헤매고 있을까, 남의 생각을 다 알 수는 없지만 인간의 상상력은 참으로 대단하여 영원무궁 각각 다른 생각을 하고 있을 것이다

출퇴근 시간에 타보면 전쟁 같기는 하지만 비교적 지성적이다. "내려요!" 하면 비켜주면서 길을 터주려고 애쓰는 모습을 보면 흐뭇하고 고맙다. 내리지도 않을 거면서 입구에 버티고 태연히 서 있는 젊은 사람을 보면 실망스러워서 힘이 빠진다. 그러나 이런 사람은 많지 않다는 점에서 새로운 희망을 갖는다. 우리 사회 구성원이 보다 도덕적이고 감성적이기를 바라는 마음은 나쁜이겠는가.

어느 날 노년부부가 탔다. 그들의 얼굴은 두 분이 판박이로 실타래를 풀어 헤쳐 놓은 듯 주름이 빈틈없이 깔려 있다. 두 분이 똑같이. 정말로 신기하다. 나이도 똑같이 90은 넘어 보이고, 체구도 비슷하여 쌍둥이 같기도 한데 서로 눈짓 손짓하면서 주고받는 대화는 꿀이 철철 넘쳐흘러 보였다. 아쉽게도 몇 역을 지나지 않고 내렸는데 서로가 꼭 잡고 한 덩어리가 되어 조심조심 걸어가는 뒷모습이 천당으로 가는 한 쌍의 천사처럼 보였다.

지하철은 삶의 광장이며 인간 사회의 축소판이다. 아름다운 색안경으로 보면 아름다운 낙원이요. 까만 색안경으로 보면 절망의 세계요, 웃으면서 바라보면 행복의 동산이다.

아침 출근 시간에 우렁찬 발걸음은 풍족하고 행복한 나라를 만들기 위한 모습 같다. 쓰나미처럼 밀려 나가는 역군들의 가슴에 가득히 희망이 쌓이고, 퇴근길에 밀려나가는 인파를 보면 행복의 꽃동산이 마음속에 그려진다.

나는 지하철을 좋아한다. 부담 없이 탈 수 있고 나로 하여금 한 곳에 매어 두지 않고 움직이게 해서 건강에 도움을 줌으로써 개인적으로나 국가적으로 의료비 부담도 덜어줄 것이기에 지하철이 고맙다.

(2014. 6)

큰형수

1920년 12월 12일(음) 경남 의령군 의령읍 무전리에서 의령 읍장의 막내딸로 태어나서 아쉬운 것 없이 자랐다. 당시에는 일제강점기 말기로 제2차 세계대전이 한창인지라 모든 물자를 모조리 수탈당하던 시대이기도 하다. 그 당시 우리 민족은 순전히 농업에 의지하는데도 불구하고 천수답이 대부분이었다. 수리 시설이 전무하여 하늘만 쳐다보고 농사를 지어야하니 풍년보다 흉년이 자주 찾아와서 모든 농민들은 초근목피(草根木皮)로 연명(延命)하는 기아(飢餓)에 시달리던 시대였다.

꽃 같이 피어나던 19세 아리따운 아가씨가 그 지방에서 양반으로 인정받는 의령 남씨 집안의 한 살 위인 남상구씨에게 시집을 오게 되었다. 시가 가족구성원은 40대 초반의 시부모(媤父母)님과 남편과 그리고 시동생 4형제, 본인을 포함해서 모두 여덟 식구로 당시에는 많은 가족 수는 아니었다. 다행히 시어머니께서 살림을 주관하시니, 가난에 적응하는 것만이 문제였을 뿐 그런대로 적응해 가고 있었다.

그러던 중 청천벽력 같은 사건이 발생했다. 시집 온 지 1년만에 시어머니께서 별세하셨다. 그 많은 남자식구들을 남겨두고 떠나시니 어찌 살아갈지 너무도 막막했다. 시누이 하나라도 있으면 좋으련만 거드는 손이 하나도 없고, 남편조차 오손도손 이야기를 나누면서 사는 사람이 아니고 철저한 가부장제의 전형적인 분으로 언제나 일방적인 자기주장만 있을 뿐, 상대의 의견을 들어주거나 배려하지 않았다.

막막한 현실 앞에서 앞날을 어떻게 헤쳐 나가야 하나 하고 얼마나 당황했을까. 시집오기 전에 배우지 못 했지만 길쌈을 해서 그 많은 식구들 옷을 만들어 입혀야하는 현실을 피할 수 없었고. 무조건 부딪혀야 했다. 밤잠을 안자고 이웃집을 다니면서 물레로 실을 뽑고, 삼을 삼고, 베를 짜느라 사는 것이 뭔지 생각하기가 두려웠을 것이다.

얼마 안 가서 아들이 하나 태어나서 온 집안에 경사가 난 듯 좋아했으나, 돌도 되기 전에 불행히도 하늘나라에 보내는 슬픔을 맞게 되었다. 그리고 두 번째 태어난 딸아이도 엄마 심부름을 할 6살 나이에 불의의 사고로 잃게 되는 등 너무도 큰 슬픔을 또 한 번 안겨주었다. 인명은 재천이라 하였으니 슬퍼한들 무엇 하리. 자식이 앞서 가면 부모의 가슴에 묻는다는 말이 있다. 눈에 넣어도 아프지 않을 두 아이를 잃었으니 그 가슴에 큰 무덤이 두 개씩이나 생기게 된 것이다. 그리고 다시 6남매를 낳아 기르면서 예쁘다고 얼러 보지도 못한 채 그냥 탈 없이 자라달라고 염원했는데, 모두 잘 자라줘서 고맙고, 지금은 모두 장가가고 시집가서 아들 딸 낳고, 남부럽지 않게 잘 살고 있으니 기쁘고 행복하다.

다시 한 번 그 시절을 돌이켜보면 그 많은 식구의 옷들을 손빨래하고 풀 먹여서 다려야하고, 디딜방아 찧어서 밥해 먹이고, 농사철에는 점심과 새참 등 하루 두 번씩이나 들판으로 음식해서 나르고, 겨울에는 메주 써서 장 담그고, 가을에는 김장하고, 하루가 열흘이라도 모자랄 세월, 새우잠 자고, 날이 새면 할 일이 태산 같으니 그 일을 어찌 다 처리해 냈을까. 초인적으로 살았다. 동서들이 들어오고 애들도 크고, 천사 같으신 어른(시어머니)이 들어오실 때까지 그렇게 살았다. 잠들기 전까지는 일에 묻혀 사는 기계가 된 인생이었다.

세월은 흘러 아들 딸 모두 시집 장가보내고 두 영감 할멈이 밥상에 마주 앉아 서로 권하며 먹고 마시고, 날이 밝으면 밭에 나가 무, 배추, 고추, 마늘 심고 가꾸어 수확해서 자식들에게 보내는 재미로 살아왔는데, 보통사람의 몇 십 배나 인생고를 겪으신 우리 형수 강봉연, 야속한 병마가 덤벼들어 산송장으로 만들었으니 이 일을 어찌할꼬. 그런데도 인생의 희로애락은 다 떨쳐버리시고도 강인한 모성애로 살아있는 모습을 자식들에게 보여 주시다가 94세를 일기로 2014년 음력 5월 초하룻날에 한 많은 이 세상을 떠나시어 하늘나라로 영원한 안식에 드시니 명복을 비옵니다.

시동생 남상태.

(2015. 6. 16)

팔불출

마누라를 자랑하면 팔불출(八不出)이라고 하지만 나이 들수록 마누라가 소중하게 느껴지는 것은 나만이 아닐 것이다. 나는 성질이 철저한 보수꼴통으로 대문 안에 들어서면 산천초목이 벌벌 떨 정도로 빈틈없는 칼날 인간이며 가부장의 전형이었다고 생각된다. 직장에서도 남의 말을 들을 생각을 하지 않고, 그야말로 독불장군으로 세상에는 쓰레기 같은 인간들이 가득 찬 것처럼 처신하면서 유아독존(唯我獨尊)으로 살아왔다.

워낙이 고집불통이라 어릴 때에도 동네 아이들과 어울려서 놀지도 않고 그 아이들을 무시하는 것을 선친께서 보시고는 "맑은 물에는 고기가 살지 못하는 법이다.(水淺無魚 人審無徒)"라고 하시면서, "사람들과 더불어 살아야 큰 사람이 될 수 있다." 고 하신 말씀이 생각난다. 이런 가운데서 형성된 성격의 인간이 원만한 인격의 소유자가 될 수 있겠는가.

가정을 꾸릴 때도 지독히 가난하고 보수적인 가정에서 자라 절약이 몸에 배인 인간과 별 어려움 없이 고등교육을 받은 도시 처녀는 결혼생활에 뜻을 맞추어 가면서 살아가는데 어려움이 많았다. 이제 와서 생각하면 참으로 내가 왜 그렇게 못난 인간이었을까 하고 후회가 되기도 한다.

좋은 혼처를 마다하고 나와 결혼하겠다고 고집했던 아내에게도 운명의 길을 피할 수는 없었던 것일까. 내가 결혼할 당시 나이가 30이 넘었으니, 그 시대 시골 사람은 조혼(早婚)하던 때인지라 아이가 있을지도 모른다고 의심할 수도 있었다. 그래서 장모님께서 철저히 조사하고 검증하셨다. 그러나 별 하자가 없다고 판명이 났으면서도, 전세방 하나 얻을 돈도 없는 놈한테 딸을 보낼 수 없다고 극구 반대하셨다. 그런데도 자기가 선택한 길이니 후회한들 무슨 소용이 있으며, 아무리 괴롭고 슬퍼도 친정집에 가서 하소연하고 위안을 받을 수도 없었을 것이다. 장모님 역시 못 이겨서 결혼은 시켰으나 주야로 걱정하시느라고 잠을 제대로 못 주무셨을 것이다.

어렵사리 선택한 남자한테 시집이라고 왔는데, 재산도 인권도 여권(女權)도 아무것도 없었다. 게다가 왕비같이 떠받들어도 시원찮은데 찢어지게 가난한 집안에서 자존심만 가득 찬 고집불통 노총각을 상대해서 살자니 얼마나 괴로웠겠는가.

여자란 아이나 낳고 살림이나 하고, 남편을 하늘같이 떠받들고 사는 것이라는 안식이 뿌리박힌 남자랑 살기란 심신의 고통이 어떠했겠는가. 폭력에 가까운 남편의 독선에 맞설 생각도 못하고 살아왔다.

그러던 어느 날, 며느리들에게는 호랑이보다 무섭다는 시아버지 앞에 무릎을 꿇고 남편의 죄상을 낱낱이 고해 바쳤다. 그런데 나는 아무것도 모르고 퇴근해서 귀가 인사를 드렸더니, 인사는 건성으로 받으시고, 굳은 표정으로 나에게 지필묵(紙筆墨)을 준비해 오라고 하셨다. 먹을 갈고 종이를 펴라고 말씀하신 다음, "일백 백(百)과 참을 인 자(忍)를 써서 문지방 위에 갖다 붙여라. 옛날에 중국의 어느 명문가에서 8대가 한울타리 안에서 살면서 집집마다 문지방 위에 '百忍'이라고 써 붙여 놓고 살았다. 살다보면 화나는 일이 없겠는가. 서로가 백번 참는 가풍(家風)으로 큰소리 나지 않고 화목하게 살았다는 이야기가 있다. 마음에 맞지 않다고 화를 내거나, 온당치 않는 행동을 해서 자기 망신, 집안 망신을 시키지 않도록 하라."고 훈계를 하셨다. 아내에게는 "너는 고등교육을 받은 사람으로서 사리판단이 분명할 터이니 앞으로 부당한 일을 당하면 언제든지 나에게 일러라." 하시면서 아내에게 힘을 실어주신 일이 있었다. 이런 일이 있은 후로 시아버지께서 강력한 아군이 되어 주셨으므로 이날까지 버티어온 가장 큰 힘이 되었으리라.

첫 딸 낳고난 후, 아들 하나를 얻어 한참 예쁠 때에 잃게 되었다. 그 애통함은 어떠했을까. 그 죽은 자식을 가슴에 묻고, 계속 딸만 낳았으니, 그 또한 마음고생이 설상가상이 되었으리라. 그러나 지금은 그 딸아이들이 면면이 잘 자라 명문대학을 나와서 대학교수로 재직한 아이도 있고, 다들 결혼하여 가정을 이루고, 진실하고 성실하게 잘살고 있으니 마누라의 덕이 아니겠는가. 참으로 고맙다.

참고 참으면서 눈물로 보낸 세월, 어언 칠십 세 후반으로 접어들었다. 이제는 인생살이 모든 면에서 달인이 되었고, 여인 중에 여인이요, 온 집안의 추앙이요, 인간승리의 표본이 되었다.

세월이 흘러 그 고집불통이던 남편도 이 훌륭한 부인의 인덕을 늦게나마 깨닫고, 말년이나마 반성하고, 존경하는 마음으로 살려고 노력하니, '팔불출'이라도 곱게 봐주어야 하지 않겠는가? 우리 속담에 '80에 철이 난다'라는 말이 있다. 늦게나마 아내의 진가를 알아주니 정말 철나는 모양이다.

이제 인생의 황혼을 맞은 나에게는 분에 넘치는 반려자가 있었기에 행복을 누리면서 살아올 수 있었고, 우리 아이들도 모두 행복할 수 있지 않았겠는가. 나의 최고의 반쪽, 우리 부부는 남은 인생을 성공으로 이끌면서 우아하게 살아갈 것이다.

남들은 나에게 아내 자랑한다고 팔불출이라고 흉을 보더라도 나는 나의 멋진 동반자를 사랑한다. (2013. 8)

내시경 유감(內視鏡 有感)

나는 어릴 때부터 위 건강에 대해서 신경을 써왔다. 위는 나의 생명을 이어주는 중요한 기관이기 때문에 하루에 세 번은 쉬게 해 주어야하고, 심한 자극성 있는 음식은 피하고, 식사는 물과 더불어 하게 되면 위액분출을 소홀히 하게 하는 습관을 갖게 되어 위가 약해진다고 믿었다. 그래서 식사 시 국물을 함께 먹지 않았다. 또 식후에 바로 물을 마시지 않고, 한두 시간 후에 마시는 등 위 건강을 항시 머리에 두고 살아왔고 소화제를 먹어본 일이 없었던 것 같다. 그래서 위는 문제없을 것으로 믿어왔고, 자신 있게 말할 수는 없지만 장에도 별 이상을 느껴본 일이 없기 때문에 아무 일 없을 것이라고 굳게 믿었다.

그런데 의료공단에서 위 내시경검사를 하라고 2년마다 한 번씩 통지가 왔었다. 그러나 고집스럽게 검사를 하지 않고 있다가, 만약의 경우에 불이익을 당할 수도 있다는 사실을 알게 되었다. 그래도 나는 이만큼 살았으면 많이 살았고, 괜스레 의료비를 낭비할 필요가 없지 않은가 하고 버티어 왔다. 그러다가 이번에는 친구들의 권고도 있고, 또 가족들도 해보자고 권하는 바람에, 위내시경검사를 하기로 하고 대장내시경검사도 하자고 결단을 내렸다. 수면내시경은 의사가 환자가 고통을 느끼는 것을 안 보기 때문에 부주의할 가능성이 있고, 따라서 의료사고가 날 수 있다는 말을 들은 적이 있다. 긁어서 부스럼 만들지 않나 염려가 되었지만, 만약에 그런 사고가 발생한다면 운수소관으로 돌리기로 하고 고통 없는 수면내시경검사를 받기로 했다.

검사 받기 전 약 3일간은 음식에 신경을 써야 하고, 특히 전날과 그날 밤에 장을 비우는 조치는 상당한 고통이 따랐다. 검사를 하는 김에 정확하게 볼 수 있도록 장을 완전히 비워서 후회하는 일이 없도록 하기 위하여 신경을 썼다. 드디어 당일이 닥쳐왔다. 별 일 없을 것이라고 믿었지만, 큰아이를 불렀다. 만약의 경우를 생각해서다. 결과는 장에 용종이 세 개 있었는데 두 개는 바로 떼어 내고 하나는 좀 커서 조직검사를 하겠다고 하고, 일주일 후에 와서 검사 결과를 보라고 했다. 아무 일 없겠지.

약속한 날에 아내와 같이 해당병원 소화기 내과에 갔다. 담당 교수를 만났더니, 검사를 한 결과 "위는 50대이고, 장에서 떼어낸 용종을 조직검사를 한 결과 암세포는 나타지 않았다. 그것은 암으로 발전할 가능성을 배제할 수 없으나 90세까지는 검사를 안 해도 되겠다고 말했다. 내가 평소에 건강관리를 열심히 한 당연한 결과라고 생각했다. 누구나 자기 건강을 위하여 과음 과식하지 말고 부모가 물려주신 나의 육신을 소중하게 관리한다면 천수를 다 할 수 있지 않겠는가.

내 옆에서 의사의 말을 듣고 있던 마누라가 쾌재를 부르면서 점심을 삼계탕으로 사주면서 자기 생애의 최고의 날처럼 기뻐했다. 요즘 항간에 나이 먹은 할머니들이 모여 놀다가, 한 할머니가 영감의 저녁식사 때문에 집에 돌아와서, 두 다리를 뻗고 대성통곡을 하면서 "당신 때문에 친구들과 같이 놀지도 못하고 왔다."고 원망하더라는 우스갯소리를 들은 일이 있는데, 우리 마누라는 그 할망구들하고는 정반대다. 고맙고 나의 복이리라.

나이 먹어서 건강보다 더 소중한 것이 무엇이 있겠는가. 건강이 있고 가족이 있고 친구가 있으니 최고의 행복이 아니겠는가. 오유지족(吾唯知足)이라고 했으니 잘 나고 못 나고, 높고 낮고, 크고 작고를 떠나서 교만하지 말고 건강만 있다면 스스로 만족하면서 하느님과 나의 아내, 그리고 가족과 친지 모든 주위 분들에게 감사하면서 여생을 살아갈 수 있지 않겠는가.

(2013. 11)

환경이 운명을 가름한다

지금부터 약 40년 전에 있었던 일이 생각나서 기억을 더듬어 본다.

그때는 청춘의 피가 끓는 시기였다. 젊은 시절의 나는 정의감(正義感)이라고 할까, 의협심(義俠心)이 꽤나 강했다고 생각된다. 인생여정에서 철저히 정의롭고 청결했다고 자부하기는 어렵지만, 불의(不義)를 보고 타협하지 않는 성격은 평생 지닌 채 살아왔다.

자유 대한민국 초기에 모두가 자유를 구가했다. 자유란 법도 양심도 없고 책임도 의무도 따르지 않는 무한대라고 생각하고 행동하던 한때가 있었다. 권력을 가진 인간들은 거침없이 온갖 부정행위(不正行爲)를 자행했다. 선악(善惡)을 가리지 않던 극도로 혼탁한 시절에 청춘이 익어갔으니, 정의의 불꽃이 가슴에 타올랐으리라. 내가 만약 성공을 한다면 '이 썩어 빠진 세상을 바로 잡겠다'는 결심을 하면서 성장했다. 그러나 그 당찬 희망을 실천에 옮기기에는 능력이 따라주지 않았다.

다만 내 앞에 놓인 사안에 대해서만은 타협(妥協)하지 않았다. 젊은 시절 모교 도서관에 사서(司書)로 근무하고 있을 때 일이다. 여름방학이 끝나고 출근해서 살펴보니 참고 도서실에 비치하고 있던 귀하고 값진 책 중 상당한 수량이 없어졌다. '책 도둑은 도둑이 아니다'라는 말은 있지만, 이 사건은 무작위로 없어진 점으로 보아서 소유를 위한 것이 아니라 돈을 노린 소행이라고 결론을 내렸다.

경찰에 신고는 했지만 손 놓고 기다릴 수가 없었다. 다음 날부터 출근하자마자 헌책방들을 뒤지기 시작했다. 지금도 더러 남아 있기는 하지만 청계천을 복개하기 전 종로2가에서 신설동에 이르기까지 헌책방이 즐비했고, 신고(新古)서적을 불문하고 구하고 싶은 책은 그곳에서 다 구할 수 있었다.

상당한 시일이 걸려서 동대문 근처까지 샅샅이 뒤졌는데, 마침내 한 헌책방에서 장물 한 점을 발견했다. 그 책의 매입 장부를 확인하여 용의자의 신원을 알게 되었다. 그 주소를 찾아가니 몇 달 전에 이사를 갔다고 했다. 그런데 가족 중에 그 인근의 초등학교 6학년쯤 되는 여학생이 있고, 그 학생의 오빠가 지난해에 모 대학에 응시했다가 떨어졌다는 사실을 알려 주었다. 그 여학생을 만나서, 용의자가 군에 입대하여 지금 훈련을 마치고 배치대기 중이라는 사실까지 확인했다. 여러 경로를 통해서 그 청년을 찾게 되었고, 군관계자 입회하에 범행에 대한 자백을 받아내었다.

얼마 전까지만 해도 그의 가정은 남들이 부러워하는 2남 2녀의 부유한 가정이었다고 했다. 그의 아버지는 경북에서 살다가 처가 동네인 목포로 이사해서 제재소를 운영했었다. 누나는 서울로 유학을 보내서 모 대학영문학과를 졸업했고, 형은 대학에 재학 중 군에 입대했다고 했다.

그러던 중 아버지는 하던 사업을 처남 즉 이 사람의 외삼촌에게 맡기고 일본에 건너가서 가구의 신기술(호마이카로 기억됨)을 터득하고 돌아왔다. 그런데 청천벽력 같은 사건이 벌어져 있었으니, 외삼촌이 사기를 당해서 전 재산을 날려버렸다. 알거지가 되어 집도 절도 없게 되어 토굴에 살고 있다고 했다. 그는 책 판돈을 초근목피로 연명하고 있는 가족을 위해서 자기 엄마한테 주면서 가정교사로 받은 돈이라고 속였다. 흔히 보는 양심 없는 도둑과는 다른, '사흘 굶어 담을 뛰어 넘는' 실수를 저지른 것이라 생각되었다.

경찰과 헌병을 대동하고 그의 집을 수색했으나 장물은 발견하지 못했다. 그런데 그 집에서 가세의 몰락에 실망해서 부대를 이탈하여 탈영병이 되어 숨어있던 그 집의 큰아들이 검거되었다. 둘째는 절도죄로 수갑을 차고 큰아들은 탈영병으로 체포되는 현장을 목격한 가족들의 마음이 어땠을까. 그의 어머니는 가세가 그렇게 된 책임이 친정 오빠에게 있으니, 더욱 참기 어려웠을 것이다. 나는 울부짖는 그들을 보고 마음이 너무 아팠다. 분노가 연민으로 바뀌어 도와주겠다고 약속하며 진정시켰다.

나는 그 범인을 앞세워서 장물을 대부분 회수하였다. 도와주겠다는 약속을 지키기 위해서 동분서주하면서 관계 요로(要路)에 건의하여 관대한 처벌을 받도록 노력하였다. 그 결과 두 형제가 모두 기소유예로 풀려나서 군대로 복귀했다. 또 대학 졸업하고 취업을 못 하고 있던 그의 누나에게 직장을 알선해 주었다.

그 사람의 모친이 고맙다며 인사차 방문했을 때 오히려 내가 식사를 대접하고 용돈을 주면서 위로해 주었다. 다시 얼마 후에는 그 사건의 당사자가 당당한 군복차림으로 인사하러 왔다. 아버지가 일본에서 배워온 가구제작의 비법을 응분의 보상을 받고 대기업에 전수(傳授)하게 되어, 지금은 제대로 된 집에 온 가족이 모여 잘 살고 있다 했다.

40여 년이나 지난 일이지만 그들이 어떻게 살고 있는지 때로 궁금하다. 나는 지금도 그 사람들의 이름을 생생하게 기억한다. 인간지사는 새옹지마라고 하듯이 그들이 한때의 시련을 딛고 행복한 인생을 살고 있으리라 믿는다.

사람은 누구든지 선(善)을 지향할 수도 있고 악(惡)을 향해 갈 수도 있다. 그의 처해진 환경에 따라서 평범한 삶을 누릴 수도 있고, 크게 출세할 수도 있다. 역으로 한없는 나락으로 추락할 수도 있다. 환경이 운명의 상당 부분을 가름한다.

(2016. 9)

한 해를 보내면서

2021년을 1주일 남겨 놓고 지난 1년을 뒤돌아본다. 전반기는 건강상으로는 별 어려움이 없이 잘 지냈다. 그러나 코로나19라는 괴질이 온 지구를 휘젓고 다니면서 코로나 특집으로 뒤덮어 놓고 사람과 사람이 더불어 사는 세상을 경계를 두고 사는 세상으로 바꾸어 놓고 각종 보도매체에서는 단 하루도 빠짐없이 확진자가 몇 명 발생했나에 중점보도하고 있는 깜깜 절벽에서 살아온 일 년이었다. 설상가상으로 나는 지난 7월 21일 왼쪽 다리 골절이라는 대 참사로 지독한 통증에 매몰되어 90평생에 가장 불행한 시간을 보냈다. 지금도 통증이 완전히 사라진 것은 아니지만 그런대로 가까운 거리는 지팡이를 짚고 내왕하면서 생활하고 있으니 다행이라고 생각하고 감사한 마음으로 살고 있다. 이 나이 되면 대소변을 가리지 못하는 사람도 많고 옆에서 수발들어주는 사람도 없거나 대화상대도 없어 고독에 병들어 죽어가는 노인도 많은데 그에 비해서 나는 행복에 넘치는 노인에 속한다고 할 수 있다. 지팡이 짚고 절룩거리면서 빨리 못 다니면 어떠랴. 급한 일이 있는 것도 아니고 오직 내 몸만 잘 관리하면 나의 의무를 다 하게 되니 팔자 좋고 행복한 노인이 아닌가.

그런데 요즘 내가 달라지고 있음을 느낄 때가 있다. 대인관계에서는 드문 일이지만 텔레비전을 보면서 저 운동선수 이름이 뭐더라? 성은 박씬데 이름이 기억이 안 난다. 눈이 알아보면 이름도 따라 와야 하지 않는가.

103세의 우리 큰형님은 요양병원에 계시는데 한 달에 한두 번씩 코로나로 인한 거리두기 조치로 유리문을 사이에 두고 대면을 하곤 한다. 그러나 큰형님은 전혀 반가워하지 않는다. 간병인이 저 사람들이 누구냐고 다잡아 물어도 자기 아들 딸 또는 평생을 같이 살아 온 동생을 알아보는 것 같지 않아서 안타깝다. 나도 저렇게 오래 살면 어떻게 하나 긴장이 되기도 한다. 그러나 우리 형님은 기억력만 상실했을 뿐이지 치매로 횡설수설하시지는 않는다. 그러나 삶의 의미는 없다.

일주일 후면 코로나로 고생을 하고 다리골절로 지독한 고통을 받았더라도 살아남은 상으로 나이는 한 살 더 받을 것이다. 새해 첫날 눈을 뜸으로서 희망의 새해 선물을 받게 되면 반갑고 즐거워야 할 터인데 마누라한테 큰 짐이나 되지 않을까 아이들한테 부담이 되지 않을까 염려되기는 해도 새해 귀한 선물이다. 일단 감사하면서 받자. 그리고 소중하게 받들자. 사무엘 울먼은 '젊음이란 인생의 어느 기간이 아니고 마음의 상태'라고 했다. 나이의 중압감에서 벗어나 마음을 활짝 열고 다정한 친구들을 찾고 문우들의 작품을 소중하게 음미하고 또한 내 마음의 맺힘이 있다면 글로 표현하면서 위로하고 가족과 함께 보람 있는 한 해를 보내기로 하자.

(2021. 12. 25)

의병기념일은 제정되어야 한다

우리 의령의 내외군민이 합심일체가 되어, 망우당(忘憂堂) 곽재우(郭再祐) 홍의장군(紅衣將軍)의 거룩한 의병창의(義兵倡義)의 넋을 기리고 선양하는 의병제정(義兵祭典)을 베풀어 온 지도 어언 30년이 되고 있다.

시작할 때의 군민(郡民)은 10여 만 명이 되었는데, 지금은 3만 3천 명 정도로 군세는 쇠락했지만, 제전의 열기는 더 뜨거워져 온 군민이 제전마당으로 떨치고 나와 추앙과 추모의 함성으로 의령의 하늘을 진동케 하고 있다.

목숨을 내놓고 의병을 양성하여 이끌고, 지리멸렬하게 관군이 도망쳐버려서 왜적들의 앞마당이 되다시피한 아비규환의 땅에서, 충의의 칼바람을 날려 왜적들로 하여금, "바다에선 이순신을 조심하고, 땅에서는 홍의장군을 조심하라."고 턱주가리를 떨며 도망치게한 충의 표상을 기리는 의병제전이 아직도 일개 군민의 행사로만 베풀어지고 있음을 생각할 때 분통을 금할 수가 없다.

일 년 열두 달 달력을 살펴보면 무슨 날 무슨 날하고 국가 기념일이 무려 50여 일이나 되어, 무대를 꾸며놓고 높은 사람들 단상에 앉고, 서고 해서 축하하고, 치사하고 포상하고, 껍죽대느라 막대한 혈세를 쓰면서도 의병기념일은 없다.

의병정신은 '나를 죽여 나라를 살리는 국가 존립'의 기본 요체다.

생각해 보자.

임진왜란, 정묘, 병자호란 때 과연 관군이 맥이나 추었던가. 지리멸렬이었다. 그러자 전국 방방곡곡에서 의병들이 일어나 결사감전(決死敢戰)했기에 이 나라 이 겨레가 보존되었다고 해도 과언이 아닐 것이다.

의병의 전통은 삼국시대에 비롯되었으며 고려, 조선시대를 거쳐 한말에 이르고 있다.

특히 한말 의병은 항일 독립군의 모태가 되었으니, 이같이 승패를 가리지 않고 결사감전하는 의병정신이 곧 한민족의 특성이라고 까지 일컫게 되었다. 즉 우리 민족은 항중, 항몽, 항청, 항일 투쟁의 가운데에서 무강(武强)한 국민성을 가지게 되었으며, 이러한 국민성으로 인하여, 어느 침략자로부터도 정복당하거나 그들에게 굴복하여 동화가 되는 일이 없었다는 것이다.

임진왜란 때 정황을 살펴보자.

조총이라는 신식무기에다 잘 훈련된 왜군들 앞에서 수적으로도 3분지 1밖에 안 되는 우리 관군은 과연 며칠이나 버텼던가. 왕(王)도 군(軍)도 도망치기에 바빴다. 힘없는 백성들은 어떻게 하라고 말이다.

그러자 의병이 일어나 왜군과 싸웠다. 그 대표적인 의병장들을 열거해 보면 경상도 의병의 곽재우, 합천의 정인홍, 고령의 김면, 김해의 김덕령, 전라도의 장흥의 고경명, 해남의 처영, 나주의 김천일, 충청도 옥천의 조현 영규, 경기도 수원의 홍계남, 황해도 연안의 이정암, 강원도 금강산의 유정, 평안도 평양의임충량, 묘향산의 휴정, 함경도 길주의 정문부 등이 있다. 과시(果是), 전국적이다.

그래 이와 같이 전 국민적 의병정신이 격발되지 않았던들 선조대왕이 신의주까지 만이라도 도망이나 칠 수 있었을까.

독립운동가이며 저술가인 박은식(朴殷植) 선생이 일찍이 "의병은 우리 민족의 국쇄(國粹)요 국성(國性)이다."라고 하면서 "나라는 멸할 수 있어도 의병은 멸할 수 없다."라고 하셨다.

누가 부인할 텐가? 이 민족 5천년 역사에서 993번의 대소 외침을 받고도, 이 땅 이 겨레를 보존한 힘은 무강(武强)한 의병정신이 바탕했음을…. 이럴진대, 의병정신은 백 번, 천 번 국가기념일로 제정해서 길이길이 고양하고 선양해야 했다.

그런데도 50여 각종 기념일을 제정하면서도 '의병기념일'을 제정하지 않았음은 행여, 일제 식민지에서 공부한 역사학자들의 '임나일본부설(任那日本府說)' 따위의 공책을 답습한 식민사관적(植民史觀的 잔재(殘滓)에 매몰되어 있었기 때문이나 아닐까?

이 케케묵은 재를 터는 일에 우리 의령인이 앞장서서 '의병기념일'을 제정하자는 것이 우리의 논지(論旨)다.

물론 국군의 날이 있다. 나라와 겨레를 지키기 위하여 적과 싸운다는 의미야 같지만 오늘날 자발적으로 군문에 들어간 젊은이가 얼마나 될까를 생각해볼 때 의병정신 고양(高揚)의 필요성이 더더욱 절실해진다.

예를 들어 보자. 이스라엘에 전쟁이 났을 때 전세계의 젊은 유태인들이 이스라엘로 달려간다는데 그런 경우가 우리나라에서 발생했을 때 나가 있는 우리 젊은이들이 얼마나 달려올까? 얼마나 도망쳐 달려 나갈까? 고로 의병기념일은 제정되어야 하고, 한 시가 급한 것이다.

의병 기념일은 4월 22일로 해야 한다. 물론 의병의 역사야 오래전서부터 있어 왔지만, 기록에 남은 의병활동은 임진왜란 때부터다. 그리고 맨 먼저 기병한 의병장이 곽재우 장군이고, 그날이 4월 22일이기 때문이다.

411년 전 유곡면 세간(世干)의 산과 들에서 곽재우 장군이

치는 북소리에 따라 칼을 긋고 창을 찌르고 활을 쏘며 훈련을 하던 의병들의 면면을 상상해 보자.

물론 망우당 곽재우 장군의 휘하 의병대열에는 외지에서도 많이 달려 왔겠지만, 그 태반은 의령 우리의 조상들일 것이다. 우리 의령인이 의병기념일을 제정에 앞장서야 하는 당위가 여기에 있으며 기필코 의병의 날 제정을 보는 것이 우리 의령 땅 조상들의 애향 애족 애국충정의 억만 분의 일에라도 보답하는 것이리라.

오늘도 기강나루를 끼고 남강은 흐르고 있다. 남강 물처럼 의령인의 우국충정도 흐르고 있음을 보여주자.

재경 의령군 향우회 회장 남상태

(2000. 6.)

재경 의령군향우회60년사 출판기념회에 부쳐

안녕하십니까. 이 자리에 참석해 주신 향우 여러분과 來賓여러분, 감사합니다.

특히 국사(國事)에 바쁘신 이주영 의원님, 조윤선 전 의원님, 재경경남도민호회관(在京慶南道民會會館) 마련에 노심초사(勞心焦思)하시는 박연암 회장님, 열일을 제치고 참석해 주셔서 감사합니다.

그리고 내 고향 의령을 살기 좋은 곳으로 만들기 위해서 불철주야 노력하시는 오영호 군수님과 오영군 의회의장님, 관계자 여러분, 멀리서 오시느라고 수고 많았습니다.

요즘 우리나라는 국사교과서를 국정교과서로 만들겠다는 정부방침에 대해서 각 개개인의 시각차(視覺差)로 싸움이 뜨겁습니다. 그러나 영원히 뻗어나갈 우리 후진(後進)들이 바르게 발전해 나갈 수 있도록 진실(眞實)을 담아야 할 것입니다.

우리 향우회 60년사를 편집하는데도 시각차에 의해서 어려움이 있었던 사실을 알고 있습니다. 그러나 현 향우회 강완석 회장님의 집념(執念)과 편집을 맡으신 배재대학교 박강수(朴康守) 전 총장님의 헌신적인 노력에 의하여 빛을 보게 된 것을 다행으로 생각하고, 이 두 분들에게 찬사와 감사를 드립니다. 그리고 실무를 맡았던 임원들의 노고에도 감사드립니다.

우리 후배들이 이 향우회 60년사를 통해서 향우회 나가갈 길을 찾고, 선배들의 경험을 등불 삼아서 시행착오(試行錯誤)없는 우리 의령인에게 맞는 방향을 설정하는 교재가 되기를 기대합니다. 농경시대(農耕時代)에서 산업시대(産業時代)로 접어든 후부터는 우리 의령에는 지리적인 여건으로 고향발전을 이끌만한 산업시설 하나 없어서 크게 발전하지 못하고 특히 젊은이들의 도시진출로 인구가 점점 줄어들고 있습니다. 세월이 가면 이 60년사를 통해서만 향우회 흔적을 찾아야 하지 않을까 걱정되기도 합니다.

우리 의령은 비록 지역은 좁고 산골이지만 자타가 공인(公認)하는 충의(忠義)의 고장, 인물의 고장이라는 자긍심(自矜心)은 잊지 말고 의령을 지키고 향우회를 활성화시켜 나가기를 바랍니다.

2015년 10월 22일

재경 의령군향우회 고문 남상태

의령군수 '공로상' 수상

- 의병의 날 국가기념일제정 국회청원 공로로

남상태 재경 의령군향우회 고문이 지난 5월 31일 오후 4시 30분 의령군청 4층 대회의실에서 개최된 제2회 '의병의 날' 국가기념일 전야제의 부대행사인 '향우의 밤'에서 사단법인 의병기념사업회 김채용(의령군수) 회장의 공로상을 수상했다.

이 자리에 참석한 서울, 부산, 대구, 울산, 창원을 비롯한 경향 각지의 향우회 임원과 향우, 의령군내 관계 공무원과 각급

기관, 사회단체장 등 600여 명이 남 고문의 수상을 지켜보며 축하했다.

김채용 군수는 공로상 시상식에서 "귀하께서는 30만 내외 의령군민의 오랜 숙원인 '의병의 날' 국가기념일 제정을 위하여 국회청원추진위원장으로서 각 지역 향우회 조직을 총동원하여 헌신 노력한 공이 지대할 뿐 아니라 고향발전에도 크게 기여하신 그 공을 군민과 함께 높이 치하 드립니다."고 말했다.

남 고문은 "의병의 날 국가기념일 제정을 위한 국회청원사업을 10여 년 전 전국 의령군향우연합회에서 발의하고 그 추진에 앞장서온 사람으로서 올해로 제2회 의병의 날 국가기념일을 맞이하여 공로상을 수상하게 되니 감개무량합니다."는 수상소감의 말문을 열었다.

남 고문은 이어 "1999년 재경 의령군향우회장으로서 고향에서 개최된 제27회 의병제전(4.22)에 참석하면서 임진왜란 때 우리 고향 의령에서 전국 최초로 의병을 일으켜 나라를 위기에서 건져낸 의병장 곽재우 홍의장군을 비롯한 이 나라의 수많은 의병들의 위대한 충의와 구국의 정신을 1년에 한 번씩이라도 되살려 우리 후손들에게 영원히 물려주어야하며, 이를 위해서는 국회를 통한 의병의 날 국가기념일 제정청원사업이 선행되어야한다고 생각했습니다. 그리고 이 청원사업이 내 생전에 이루지 못하게 되면 내 무덤에라도 '의병의 날 국회청원사업을 추진하다 빛도 못보고 돌아간 사람의 묘'라고 표기토록 주변 사람들에게 유언을 할 생각까지 했습니다."고 회고했다.

남 고문은 또한 "이에 따라 의병의 날 국가기념일 제정을 위한 국회청원사업을 전국 의령군향우회연합회의 첫 번째 중점 사업으로 발의하여 추진시켰으며, 1년에 50여 개의 온갖 기념일 중에 의병기념일이 없다는 것은 잘못 되어도 한참 잘못되었다며 관계 국회의원과 의령군수 등에게도 꼭 이 사업을 성취하도록 독려했습니다. 그러던 중 현 의령군수 김채용 씨가 임진의병 관련 세미나와 공청회를 열고, 각 지역 의병 관련 단체 등과 연합하여 신청한 호국 의병의 날 국가기념일 제정에 관한 국회청원이 국회본회의(2010.2.26)를 통과함으로써 '의병의 날' 국가기념이란 숨겨져 있던 우리 민족의 보석보다 더 찬란한 위대한 보물을 되찾아 세상에 내놓게 되었으니 내 개인 일생의 가장 큰 위업이요, 보람이 아닐 수 없습니다."는 소감을 진솔하게 밝혔다.

- 박해헌 의령신문 발행인

*참고자료: 의병의 날(6.1) 국가기념일 제정과정

· 임진왜란 때 곽재우 홍의장군의 의병정신기념의 의령군 의병기념사업회(회장 안호상) 발족 및 창립총회 개최(1971. 11. 17)

· 의병기념사업회, 의병탑(휘호 박정희 대통령) 건립 및 제1회 의병제전(1972.4.22) 개최

· 의병기념사업회, 정부에 의병의 날 제정 건의(1975)

· 박정희 대통령 지시에 의해 충익사 정화사업 착공(1977) 및 완공(1978)

· 의병기념사업회'의병의 노래'제정 및 충익사관리사무소 관할 경상남도로 이관(1985)

· 재경 의령군향우회 2001년 신년회(1. 15. 하림각)에서 남상태 회장 의병의 날 국가기념일 국회청원 제의, 이주영 국회의원 '소개의원과 성원' 약속.

· 전국 의령군향우연합회 창립총회 시 '의병의 날 국회청원'을 제1사업으로 확정. 국회청원추진위원회를 각 지역 향우회장을 중심으로 구성하고, 남상태 재경 의령군향우회장을 위원장으로 추대, 2002년 8월말까지 각 지역향우회 중심으로 본 청원에 대한 국민 동의서를 받아 추진위원회로 넘겨주면 9월 정기국회 전에 청원서를 공식 국회에 접수시키기로 의결.

· 전국 의령군향우연합회 의병기념일 제정 국회청원위한 대국민서명운동 전개(2002)

· 전국 의령군향우연합회 제1차 임원회의(2002. 9. 9. 부산석화그릴), 의병의 날 제정을 위한 국회청원추진위원회 위원장(남상태)을 그 정당성과 효율성 등을 감안하여 의병제전위원장을 겸직하고 있는 한우상 의령군수를 추대하고 연합회는 물심양면으로 위원장을 돕기로 의결(이에 관한 공문을 한 군수에게 발송키로 집행부에 위임)

· 전국 의령군향우연합회회장단은 2004년 2월 6일 오전 의병의 날 제정 청원추진위원장인 한우상 의병제전위원장 겸 의령군수를 예방, '향우사회의 의병기념일 제정을 위한 국회청원 참여동의서 1차분 제출'이란 공문(전의연 제04-02호)을 직접 전달하고 국회청원에 대한 폭넓은 의견을 교환. 이날 전달된 동의서는 총 3,746명(서울 78, 부산 255, 대구 34, 울산 3,379명)의 향우 및 일반인들이 서명날인한 것임.

· 김채용 의령군수, 호국 의병의 날(4.22) 지정에 관한 국회청원(2007. 9. 18), 제17대 국회임기 종료로 자동폐기.

· 김채용 의령군수, 제18대 국회개원에 즈음하여 호국 의병의 날(4.22) 지정

에 관한 국회 재청원(2008. 8. 4)

· 호국 의병의 날(4.22) 지정에 관한 국회 재청원(2009. 4. 16)

· 전국 의령군향우연합회(회장 이상열), 호국 의병의 날 국가기념일 제정에 관한 국회청원의 건의 여·야 정쟁으로 계속 표류되고 있어 울산 이사회(2008. 11. 28)를 열고 본 청원 채택에 대한 제2차 대 국회 촉구 결의서를 제출키로 의결. 이에 따라 전국 의령군향우연합회 이상열 외 임원일행은 2008년 12월 22일 국회를 방문, 국회민원실장에게 결의서를 전달하고, 국회 행정안전위원회 장인식 수석전문위원(차관급)을 만나본 청원의 당위성을 설명한 후 조속히 채택해주도록 노력할 것을 당부.

· 의령군의 의병의 날(4.22) 국가기념일 제정에 관한 국회청원건이 국회본회통과(2010. 2. 26), 다만 의령군에서 정한 4월 22일의 의병의 날만은 정보통신의 날'과 중복되어 그 효과를 극대화하기 위해 곽재우 장군의 의병 창의한 음력 4월 22일을 양력으로 환산해 6월 1일로 바꾸어 입법예고를 거쳐 2011년 6월 1일 제1회 의병의 날 국가기념일 행사를 의령에서 김황식 국무총리가 참석한 가운데 개최.

- 자료제공 의령신문

누군가에게 말을 걸고 싶다

- 석천 남상태 선생님의 수필집 출판에 즈음하여 -

정 영 기
(시인 · 수필가)

누군가의 글을 읽으면서, 독자는 우선 작가의 의도나 고백 혹은 미래 지향의 희망을 읽거나 유추해 나가는 중에, 작가나 작중 캐릭터를 독자 마음대로 대치 설정해 볼 때가 있다. 작가는 일반 대중 또는 일상으로 만나는 사람들을 지칭하고 있으리라는 생각을 하면서도, 간접적으로나마 내가 아는 작가이거나 면식도 없고 들은 바도 없는 작가라 할지라도, 내 나름으로 짐작한 작가의 의중을 가지고, 화자나 그의 대화 상대를 점쳐 보는 것이다.

작가를 잘 알지도 못하면서 그런 정황을 설정해보는 것은 오로지 독자의 관심이나 흥미일 뿐이지만, 시의 경우 압축된 언어나 비록 일상어라 할지라도 비유로 채워진 은유의 숲을 헤쳐 나가며 시를 이해하는 시적 수업 내지 감상일 수도 있을 것이다.

필자인 내가 아래의 시를 접한 것은 남상태(南相泰) 선생께서 수수문학회에 합류하시고 1년쯤 후이지 싶다. 선생은 나와 동향으로 고교 선배이시다. 인생 역동의 시기를 교육자로서 다하시고, 뜻한 바 있어 중앙대학교 교정을 떠나 수년이 지난 후에야 문학의 창(窓)을 노크한 셈인데, 나는 '오늘은'이란 제하의 아래 시를 읽으며 돌연히 남(南) 선생님을 시적 화자로 떠올린 것이다.

적막한 밤
어둠이 깊어간다
누군가에게 말을 걸고 싶은
목마른 심정

오늘은 스마트폰으로
문자 편지를 쓰고
4차원 컴퓨터 속에서
미래의 옷을 고른다

그러나
닫힌 귀를 열고 싶다
막힌 골목 같은 마음을 트고 싶다

울림이 있고
감동의 물살이 지는
뜨거운 시간이 그립다.

시문학지 2018년 12월호에 실린 이 시는 예술원 회원이며

'문학의 집·서울' 이사장이신 김후란 선생의 작품이다. '누군가에게 말을 걸고 싶은/ 목마른 심정'은 소박하게는 오래 참아온 사적인 갈증을 호소하거나 토로하는 것쯤으로 생각할 수도 있을 것이다. 그러나 오랫동안 공적인 중요 분야를 지키고 주관하는 중에 소위 원만한 마무리를 위해 다하지 못하고 침묵 속에 묻어버린 일이나 말들도 상정해 볼 수 있는 일인데, 정년 이후에도 맡겨진 몇 가지 선이 굵은 일들을 성공적으로 마친 내면의 피로가 아직도 쌓여 있을 지금, 아무것도 개의할 것 없는 대숲 같은 수수밭 울타리 안의 자유에서 '임금님 귀는 당나귀 귀'를 외치고 싶은 심정을 글로나마 표현하는 카타르시스를 누가 짐작 못하고 이해 못할 것인가.

南선생은 정년 이후 수년이 지난 오늘, 팔순(八旬)을 넘고도 스윙 한 번에 홀인을 때려내는 강한 멋쟁이 골퍼이고 늘 유쾌하고 격정적인 면도 많다. 연민이나 애석함 혹은 찬상이나 환호하는 일에서는 격정을 못 이겨 자주 자세가 흐트러지는 열한의 체질이시다. 서너 달 전인가, 평생 동지이자 절친이던 약학박사 손동헌 교수 부음에 눈물을 감추느라 장례 후도 며칠을 고개를 돌리곤 하였다. 선생의 이런 면면이 詩의 둘째 연에서도 시구를 계속 따라 다니고, 그의 일상이 오버랩 되곤 한다. 시를 쓰신 김후란 여사의 경우에야 '문자 편지를 쓰고' '미래의 옷을 고르는' 일을 MZ들의 시각으론 자연스럽다 하겠지만, 시인이 실제 의도한 바의 은유는 차치하고, 직설의 글자 그대로 '스마트폰'과 '4차원 컴퓨터'를 다루는 팔순 춘추의 손놀림을 예사롭다 하겠는가. 그러고도, 이는 그런 솜씨 이상으로 선생께서 지향하는 미래를 은유한 것이다. 南선생은 장타를 날리는 그의 터프한 골프 클럽만큼이나 오늘의 첨단 기기 애플리케이션 범위가 넓은 분이다.

詩의 셋째 연을 읽으며, 나는 불경스럽게도 고명한 여류시인의 일면을 여린 소녀를 통해 보았다. 귀를 열고 기다려도 들리는 바 없고 마음을 열어둬도 다가오지 않는 대안(對岸)의 길 잃은 무지와 무심을 깨우치며 '울림'과 '감동의 물살'을 갈망하는 소녀의 '뜨거운' 가슴을 그려놓고 나는 좀 두렵다. 행여나 시인께서 이 글을 보면 어쩌나? 그러나 나는 대처할 수 있을 것이다. 시의 제목부터 시구(詩句)를 따라가며 맞아 떨어지는 南선생의 수십 년 행보와 현재의 이미지가 나의 그림을 앞질러 가며 점을 찍고 선을 그어주었기 때문이다. '4차원 컴퓨터 속에서 고른 옷'을 입고 나설 미래를 향한 열정을 푸른 소녀의 뜨거움을 빌어 표현한 것이 선생의 격정적인 청년의 열정에 견주어지는 것이다.

南선생님은 문단 바깥을 향해 참고 있는 말이 필경 산적해 있을 것이다. 정년 이후 수년간 노력으로 '의병의 날'을 국경일로 승격시킨 일, 고 이병철 회장께서 창설하신 의령군향우회를 재건하고 마포 20층 한일빌딩 내에 향우회관을 영구 구입하여 향우회 재산을 크게 불린 일 등이, 진행 과정에서 역행하고 마찰하는 크고 작은 다변과 경거(輕擧)들을 큰 포용으로 감내하고 결집한 결과임에, 그 무대를 떠나셨지만 아직도 식지 않은 그 열정의 연속으로 이제 문학의 장에서 첫 작품집을 내시니 문도의 일원으로 진정어린 축하의 말씀을 드리지 않을 수 없다.